町の本屋という物語

定有堂書店の43年

奈良敏行 著

三砂慶明 編

作品社

町の本屋という物語

定有堂書店の43年

（写真・萱原健一）

目次

第五章　定有堂書店の生成変化　149

はじめに　身過ぎ世過ぎは草の種

鳥取市で本屋を四十三年続けた。場所も広さも変わらない普通の本屋だ。

本屋の仕事に興味をもたれて、「仕事」について説明を求められることもある。とくに何も語ることがないので、「普通の本屋です」と尻込みする。すると、その「普通」がいいですよね、と一押しされる。いつか「普通の本屋」をアイデンティティとするようになった。

普通に往来にある、というところからすべては始まる。人にとって、いい本屋というのは二重構造になるようだ。往来から扉を開けて訪れる人にとってのいい本屋。もう一つは、そんな往来の人たちと手作りした本屋圏域、としての雰囲気のいい本屋。「本好き」な人たちが来店してくれ、加えて「本屋好き」な人たちが遠方から足を延ばして訪れてくれる。それがこの「普通の本屋」の一部始終だ。そこにあるのは、「本」と「本が並ぶ空間」だけだ。普通というのは案外狭《きょう》隘《あい》なものだ。

わたしには、日本中をあちこち仕事で飛び回るというのは向かなかった。世界へももちろん出かけることはない。あるとき引き算したら、あれこれしたくない自分、というものが残った。残ったものを「個性」というのだと、年を経て知った。個性でできる仕事もある、ということもまた知った。それは自営業だった。引き算したところにあるものが自営業だ、といまは思う。

普通の本屋というのも手垢がついて、自分のなかでも当たり前すぎて、だんだん口にしなくなった。「もう終わっています」というようになった。終わっているというのは、それはもう、人から見て輝きが消えているという意味だ。

二十年過ぎた頃から、町の本屋が二十年続くのはすごいことですと、変な方向で興味を持たれるようになった。四十年となると、なにかあるのかもしれないと勘違いされるようになった。

独立自営、なりわい身の丈の、町の本屋は個性で勝負ができる。とくに身過ぎ世過ぎから引き算したところに残る「個性」には輝きがある。個性を店頭に解き放つのは大賛成だ。しかし、そのうち「個性」にも賞味期限があることに気づく。自分が輝きを感じなくなるのだ。個性の賞味期限ってどれくらいだろう。なんとなく、それは十年だと思えた。

四十年だと、最低四回は個性をすげ替えることとなる。個性というのは、他の人と異なるというところに、力の源がある。少しの違いよりも、たくさんの違いがあった方が、より個性的といえる。わたしは本屋に勤めた経験が全くなかったので、無知な人という点では「個性」的だった。

ずいぶん骨を折って開店へ導いてくれた取次・日本出版販売（日販）の人に「あなたは人一倍本好きだから、自分が好きな本を仕入れないように心がけてね」といわれた。人にこの最大のエピソードを話すと、「それはひどい」と多くの人が口にする。しかしその取次の人は大恩人であって、わたしは「天の声」と金科玉条こころに刻んだ。これが最初のわたしの「個性」だった。

自分を出さないのがわたしの「個性」だったので、見かねていろんな人たちが、アイデアを出してくれた。そのころ忙しくて文章を書くのが嫌だったので、業界誌に寄稿を求められたとき、書いた方が得だよといって、お客さんが代わりに書いてくれたこともあった。

　そのうち市井《しせい》の読書会が本屋の一室で始まった。読むのが好きな人は書くのも好きなので、ミニコミの小冊子や書評誌も始まった。でも、自分では一度も書くことはなかった。これが二つ目の「個性」の時期だった。本屋という場が小さな公共圏となったわけで、それも個性といえた。

　やがて、往来の人通りもだんだん細くなり、町の本屋が忘れられていくようになった。本屋が見捨てられる時代となった。遠くから宅配便で運ばれる本の方が魅力的と思われるようになった。かつては空間的な狭さに身をすくめていたのだが、今度は本の出入りの遅さに身をすくめるようになった。流通は早いにこしたことはない、そう確信する人から本屋は見捨てられてしまった。しかし、読者に捨てられて、なにかしら自由になった。

　はじめて「遅れて売る」自由が本屋に訪れた。雑誌はバックナンバーの方が売れる、と気づいた。ほんの少し遅れて売る、というのが三つ目の「個性」となった。この言葉は自分ではなじまないが、セレクトショップと呼ばれるようになった。セレクトというと、自分が選んでいるようで違和感がある。見捨てなかった人たちの好みだけへと、引き算したというのが本当のところだ。

　町から人が消えていくというのが常態となったが、やがて町だけでなく川上の方が衰え始めたのが気配となって感じられるようになった。本が来なくなれば、本屋は本を売ることができない。直販とか未来を先取りした試みが始まった。

「自分が好きな本を売らないように」という金科玉条も、「もういいか」と思えるようになった。

自分が読みたい本だけを仕入れてもいいのでは？　売れなくても仕入れが楽しくなった。

身の丈がいっそう縮んだ。これが四つ目の「個性」だろうか。この個性には「本のビオトープ」と名付けた。バイオ（いのち）とトポス（場所）。本が命という人の居場所。引き算しきった本屋の、最終最小の行き止まり。なにせ自分が好きな本を並べるようになったら後がない。

さらに世間を狭くして、本のビオトープと副題し『音信不通』という小冊子を月刊で刊行し始める。お客を自分で選ぶようで気になり、なるべく見えないところに置いていた。遠慮しなくてもいいのだけど少し気が引ける。店内のみを読者圏とする店内誌だ。そして四十年たって、はじめて自分でも書くようになった。少々逸脱気味で自家撞着した小文なので、さいわい誰も関心を示さない。でもいまは自問自答することが、自分にとっては大事な時期だと思っていた。

つきつめたら後がない、といったが、でも本屋的人間には当てはまらない。本屋的人間は、七転び八起きの先に始まる、もう一回起き上がった人間だ。起き上がる力は「本」と「本好きの人」にもらった。上り詰めたら降りればいいだけのことで、「個性」と心中する必要はない。

本屋を四十年続けて気づいたことの一つだが、長く続けるためには何が必要だろうか？　それは何度でも変化し続けることだと思う。定有堂書店を開業してから折にふれて、考えたことを書く機会があった。それを、縁あって三砂慶明さんが一冊の本にまとめてくれた。時代の空気とともに定有堂書店の変化を感じてもらえたらありがたい。身過ぎ世過ぎは草の種という。本屋になれるのなら、何にでもなれるという気がする。

第一章

町の本屋という物語

1983-1996

（写真・定有堂書店）

楽しい本屋は可能か

せっかく本屋をやっているのですから、できるだけ楽しく仕事をしたい、と心がけています。本屋はどうすれば、楽しい仕事となるのでしょうか。楽しい本屋は可能か。本屋を楽しさで除算してしまおうと思いついてしまうところが、すでに楽しい本屋という可能性の魔にとりつかれてしまっているのでしょうか。

本は快楽の器のようです。そんな本がいっぱい並んでる本屋は、だから本来もっともっと快楽の器であっていいはずなんですけど、どうでしょうか。

そこで、可能性の魔について考えてみたいと思います。

志《こころざし》の持ち方として、書店は総合的であるか個性的であるか、二通りに分かれそうです。具体的なイメージとしては、どのような人たちとの出会いを想定するかということです。多数の人々か、少数の人々か。

少数的というのは、個性的ということにもなるでしょうか。少部数の出版物というものが、とても何か可能性を秘めたものに思えて来ます。そんな本や、そんな本を選ぶ人たちの中に、快楽の秘密がありそうに思えます。

個人にとって、本がなぜ快楽の器かというと、もしこの社会の中で、なお個別性を生きようとしたら、本を選ぶということの中に、顕著に個別性という青空を持つことが可能だからではないでしょうか。一冊の本は具体的に物質的なものですが、一冊の本を選ぶということは観念的なことです。快楽というものは観念的なものだと思います。

本屋の仕事は、本を並べるだけです。本を並べるだけですが、それは、何か観念的なものを、形に置き換えている、という気がしないでもありません。

本を快楽の器として生きる。そんな人たちにできるだけ身を擦《す》り寄せて生きる。そんな場所に、本屋の快楽はやって来るような気がします。

書店の個性化というのは、読者（顧客）とのめぐりあいの中にあると思います。書店が個性的であるのは、読者とともに物語をつくるということだと思います。ともに物語をつくり得るとしたら、似たような読者が集まりますし、本の並べ方が楽になると思います。仕入れが楽という意味です。

本屋を、総合的に展開すると、本好きの人たちとの関係は、なにかしら行きずりになるような気がします。自分の喜怒哀楽の場として本屋を狭く生きていると、行きずりでない関係が生まれるようにも思えます。店頭での立ち話、本の話から始まった関係から、風通しの良くない書店棚空間に青空がつくれたら、これは書店の快楽だなという気がします。

青空だな、と思えるのは、本好きの人たちと一緒に、いくつかのサークルをつくれていることです。五つか六つくらいあるのですけど、きっかけは、たぶん本好きということ。テーマは結局は、自分を個性的に、つまり自分的に生きる、ということ。それぞれ、とても長く続いています。長く続けることって、とても大切だと思っています。長く続けることと、青空と、一つのことのような気がします。

本の中の話ですが、ある人が、長く続けること、それ自体、大切なことですと語られていました。そのためには二つ大切なことがある。一つはそうしっかりと思える人が、まず何人かいなければならない。それと、集まりというのは焚き火のようなもので、温かいから人があたりにくる。でも、あたりにくるだけで、薪《まき》を一本ずつでも置いて行かないと消えてしまう。という内容の話でした。うーん、すごいな、といつも思います。本って、このようにして快楽ですよね。

で、一つ目のためには、本好きの人たちと一緒に、『定有堂ジャーナル』という月刊書評誌を、手づくりで作っています。もう一つは、「定有堂で夕食を」というキャッチフレーズで、持ち寄り夕食会というのを時折催しています。ちょうど、焚き火のように、です。一品ずつ、薪のように持ち寄ります。

本が好きということと、本を並べることが好きという、それだけの狭い世界の中で、私たちは、いつも青空と出会っている、と思うと楽しくなります。本の中で自分を探し、自分を生きる。本を並べることの中で、身震いするような出会いを夢みる。本の神話から、書店の神話へと張り渡された、そんな糸のようなものを夢みて、毎日生きています。

〝夢を託す〟ということ

自分は、きっと〝町の本屋〟だと思う

例えば私は町の喫茶店がとても好きだが、そんなお店って、きっと喫茶店が好きだった人が始めるんだろうな、という気がする。喫茶店が好きな人は、そこを自分のアジール（避難場所）として大切にしているに違いない。「町の」というのは、歩いているとなにげなく出会うというくらいの意味だ。夢を託して始めるから、本当に夢が青空のように店内をつき抜ける。そのようにして始められた町のお店って、あちこちにあるのだと思う。

本はアジールなのだろうか。きっとそうだと思う。いやそうでなくとも、そういうものだと決めてかかれば、きっとそうして町の本屋になってしまうのだと思う。

夢を託す、と言ったのだが、でも、町の本屋って「夢から覚めた夢」という気もする。

「どこにも夢がなかったから、ここに夢を託す」と、言えなくもないような何かだ。

私の本屋は「定有堂書店」という。定有というのは聞きなれないかもしれないが、〝実存〟というのとほとんど同じ意味の言葉だ。でも、実存という言葉の持つ肯定的な響きとはほんの少し違って、「何かとてもかなわないな」という語感がする。ふと「この夢は途上のものかも知れない」という感じがして、ある時期好きだった言葉だ。で、本屋を始める前、そんな仲間とつくっていたミニコミの小冊子（〝ガリ版〟というものが、その頃あった）の誌名にしていたことがある。

ミニコミの誌名を書店名にしたというのは、今思えば半ば偶然だし、でもあるいは、運命的にこれしかなかった、という気がしないでもない。けれどそのいきさつは、記憶不鮮明なところがある。

ミニコミが好きだったのは、そういう人間関係が好きだったのかもしれない。だから町の本屋が好きだというのは、そういう位取りとして、この夢に似合った人間関係が好きだということでもあるだろう。

〝町の寺子屋〟がしたかった？

私は本屋の仕事が好きだ。嫌なことをみんななげうっていたら、気がついたら本屋を始める他なかった、というくらいだ。本屋の仕事は、いつも思うのだが、つまるところ本を並べるということに尽きる。ただ、「夢を託して本を並べる」というところが、とてもいいなと思う。私はたぶん、ある意味で落ちこぼれだから、正しい人間関係というのは苦手だ。
「本屋の服装って、どういうのが似つかわしいのだろう」と久しく考えたが、結局ジーパンがふさわしいと思うようになった。で、年中ジーパンをはいている。やはり身体のパフォーマンスに終始している仕事だからだ。そしてある頃から、ジーパンではどうしてもちぐはぐな場所へは、出掛けないようになってしまった。いまでは本に夢を託している人達とだけしか、関わりを持てなくなってしまった。でも、これはとてもいいことだと思う。

自分が託し続けている夢って、本当は自分ではよくわからない。でもあるとき人に、「奈良さんがやろうとしているのは、町の寺子屋だよ」と言われた。本屋のミニコミ的人間関係って、結局一緒に本を読むところから始まる。その人は私達の作っている講座（心理学）の講師だったが、国立大学の若い教授だったので、〝町の〟という言葉には特別な思い・夢があった。今いくつか講座を持っているのだが、最初の講座のコピーは、半ば冗談半ば本気で「心理学で、もうおともだち」にした。「人文書でおともだち」もできたりして、それに伴ってお店の品揃えも、いつの間にかそういう風になってしまった。

本屋って本を並べるだけなのに、なぜ飽きないのだろう、と思っていたら、「そうか、実は人が好きだったんだ」と、今ごろ気づいた。〝本に夢を託した人間〟が好きだったのだと。

どうして素人が書店を始めることになったかと言うと……

夢を探して生きていた

本はすべて〈私〉の物語とともにあるのではないだろうか。ここから始まるものはすべて架空のものに思える。そうでなければ、なぜ、読者は、店頭に並べてある本の海の前で、茫然自失とした身震いに襲われるのだろう。物語は自分の生き方の〈青空〉、夢、アイデンティティなのだが、でも本当は自分では選べない。物語と挫折は一つのことのように思える。だから私たちは本を読むように思える。ここには〈私〉だけの夢がある。

でも本屋は、私の夢を並べるわけではない。夢の輝きに包まれた何かとして本を並べる。これはとてもよいことだと思う。癒しのようなものを感じる、至福の仕事だと思う。

私は、本屋はいつまでも素人《しろうと》だと思う。私は、読者であった経験しかない。読者という生き方は、いつも何かを順送りにしているような気がする。これは旅の支度《したく》に似ていないだろうか。どこまでの下調べで旅立っていいのか。例えば、むかし私は上野の国会図書館がとても好きで、結構長期間通ったものだ。早稲田の文学部を留年して、最後の学年が終わろうとしても、他にすることもなく本を読んで暮らしていた。

恥ずかしいけれど、私は架空のオペラになったと詩に書いたランボオが好きで、アフリカ、おっ、いいなと思ったりしていた。

現代詩を書くのが好きな友人にランボオ全集を借りて読んだけど、ちっとも面白くないねと返した。しばらくして女ともだちが、もう少しコンパクトなランボオを貸してくれた。ランボオってていいのよ。ランボオは若い時代、詩を書いて、それから、ぜーんぶなげうって、アフリカに行くの。そしてなんと武器商人になるのよ、と教えてくれた。ランボオ読み風に言えば、そうしてランボオは事件になった。

理由は、詩を書きたかったわけではなく、鮮明な生き方に出会いたかったのだと思う。表現することではなく、むしろ無意味さに還《かえ》るきっかけを探し求めていた。

特殊なコミュニケーションが生業《なりわい》になった

でも、何の用意もなく社会に放り出され、しばらくして、おかしなことに、旅に暮らす人生に拾われることとなる。松竹という演劇興行会社に勤めて、歌舞伎の旅興行（巡業）に付いて行くことになったのだ。そのうち、高田馬場にある「寺小屋教室」という本を読むのが好きな人達の集まりを知り、通うようになった。しばらくして勤めを辞めた。旅に出ると通えなくなるからだ。数年、また本を読むだけの至福の日々が続いた。生きていけなくなりかかった頃、親友がおれはだめだけど、お前年齢制限ギリギリだぞと電話して来てくれて、郵便局の試験を受けて受かった。

数年して、鳥取もアフリカのようなものだ（?:）という女ともだちの、なにがそうなのかわからないひらめきで、鳥取で本屋を始めた。彼女の故郷なのだ。

最初に始めた私の店での町の寺子屋は、鳥取大学の心理学の先生との出会いもあったのだけれど、「アイデンティティ論」講座だった。そういうふうにこだわっていたのだと思うと面白い。

本屋はある特殊なコミュニケーション、物語を持った独自な仕事だと思う。それは、内面を商いというペースに乗せることのできる至福の仕事だから。

町の本屋としての定有堂が、仕事として愉《たの》しいのは、内的なものを内的なものとして現実に植えつけられるような装置を考え出したからかもしれない。これは私が言うのではなく、かつてのあの女ともだちが、そう教えてくれたことの一つなのだ。

日常の可能性

人との関わりの中で現実に興味が生まれる

私は元文学青年なので、コンテンポラリー、つまり〝生のままの現実〟には興味がなかった。むしろ、「すべてを識《し》る必要はないのだ」と、節制していた。

本屋巡りも、古本屋をはしごする方が好きで、そこで品定めをするのがなにか本当のことのように思えた。古本の値段は不思議で、定価より高かったり安かったりする。ずーっと不易に生き続け読まれている本に出会うのは、とてもワクワクする出来事だ。自分の知識のフォルムが、ゲシュタルト・チェンジのように丸ごと変容したりして、「本の中にしか事件は息づいていない」ように思えた。

地方で本屋を始めて何が変わったかというと、「本の愉しみはそんなところだけにあるのじゃない」という、豊富な出会いにあった。

きっと、本屋の仕事の本質的な愉しみというのは、「未知」に出会うということなのだろう。私は新本屋だから、必要以上に新刊への目配せを広範囲にしている。でも都会の大書店の店頭に立つと、文字通り身震いするようなときめきに襲われる。見たこともない書籍がたくさんあるからだ。並んだ本との出会いは、とてもドラマチックなもので、この内面のときめきや驚きは、外には出ない声で「オー」とか「ウワー」になっていると思う。

そのうち、人を驚かせてみたいと思うようになった。「エーッ、こんなのが並んでる」「これが出ていたとは知らなかった」「これは探していた本だ」……等々。こんな叫びが店内に反響する日は、とても幸せなはずだ。

本には本自身の世界があり、私達はその歴史の重層性を学ぶことができる。自分の好きな本に託して自分の世界を語ることも、本を通して友達をつくることもできる。「人を驚かせてみたい」「キャアキャア喜ばせてみたい」そう思った時、私は生の現実の時間というものが、とても面白くなった。

人の輪から棚も生まれてくる

大書店の店頭同様、身震いするような人との出会いもある。本好きの人達と話していると、ポンポン〝未知〟の知識の宝庫が開かれてくる。私は『論語』の学而《がくじ》の言葉、「朋《とも》有り遠方より来る、亦《ま》た楽しからずや」という言葉が好きで、定有堂教室の黒板の横に額に入れて架けている。人に「定有堂教室って何?」って聞かれたら、この額を指して「本が好きで、本のことばかり考えていたら、同じ仲間に出会えるかもしれない。そういうことって、いいですよね」と答えている。

「棚はいくらいじっても、棚だけの表現力で完結するものではない」と思う。絶対的な棚というものはなく、人との関わりの中でしか生きてこない。

身震いするような人達は、周辺にたくさんいる。定有堂教室「読む会」はもう八年以上続いていて、そこでは身震いするような人達が、身震いするような思想や人を、飽きず語り合っている。私の棚は、この会の同心円上に展開しているのだ。

NHKのディレクターとの「シネクラブ・テイユウ」も続き、今は四人目の講師が主宰している。「ジャズクラブ」もある。市内に住む短大助教授が「アンドレイ・タルコフスキー」の翻訳を上梓した際、教室の仲間と記念会を実施したのがきっかけで、この方を講師に、ロシア語の勉強会も始まった。

このように、日常の可能性を肯定することは、とてもいいことだと思う。本を読む営為の中には、自分という課題の探求が主題としてある。しかし、主題は一人一人のものだ。一緒に何かができるというきっかけが、きっと町の本屋には転がっていると思える。

そんな時、それは本屋の〈青空〉だな、と思えるのだ。

本のことは井狩春男さんに教わった

本屋のことはみんなが教えてくれた

本屋は何か特別の仕事という気がする。でも仕事は仕事、本屋が特別なわけではなく、きっと本というものが特別な何かなのだろう。

それでも本屋が特別だと思うのは、私が全くの素人からいきなり本屋を始め、一からいろんなことをいろんな人に教わり、「本屋は何か違うぞ」と思ったせいもある。

見知らぬ土地で道に迷ったら、誰でも親身に道を教えてくれる。これはひとごととは思えない類《たぐい》のことだからだ。本屋の仕事にも、何かそれと似たところがあるように思える。きっと「本」に、特別な〝親和力〟があるのだろう。本に関すると、「ひとごとでない」出会いがたくさんある。

私は、本屋の仕事は、ほとんどお客さんとの出会いの中で覚えた。お客さんの中には町の書店人と親しくされている方が多く、彼らから仕事のやり方を間接的に教わり、そこからいちばんいい自分のやり方を自然に知った。お出入り先も、お客さんからの紹介の積み重ねだった。書店人の親切な幾人かは、仕事の勘所を教えてくれた。

人を喜ばせる本の並べ方があることを知った

本のことは、井狩春男さん（鈴木書店）に教わった。

彼とは普通の出会いがあっただけだが、本屋の仕事というものを、とても愉しくしてしまう出会いだった。一九八四年の一月に、最初のファンレターを送ったことを記憶している。「人文書を並べるとお客さんに喜ばれるので、『日刊まるすニュース（まるす）』の情報がとても貴重です」という内容だったのだが、井狩さんは『まるす』と一緒にいろんな身近な資料を送ってくれた。

いつの頃からか、「あっ、これは〝本の通信教育〟だな」と思うようになった（本屋を始めるにあたって、司書について通信教育で学んだことがある。好きなのだ）。井狩さんを慕っている書店人は全国に多く、井狩さんはそんな人達の動向を教えてくれた。「こんなことやってる人もいますよ」というふうに。

井狩さんに教わったのは、人を喜ばせるということだった。「こういうふうにすると愉しいですよ」、そういう心の並べ方だった。人文書を中心とした『まるす』の世界が人を喜ばせる本というと不思議だが、井狩さんの目を通すと確かにそう見えるのだった。この見え方をそのまま店頭に持ってこられたら、「なるほど本は人を喜ばせる」という並べ方が可能だった。

井狩さんは、本を並べることに力を尽くし、「でもそれだけでなく、人を喜ばせるという方に究めなければだめだよ」と教えてくれた。

本を巡る楽しさも膨らませてくれた

『まるす』の通信教育の中に、書店や本好きの人達の情報誌を混ぜてくれた。そんなのを定有堂教室の本好き仲間に見せたら、「我々も作ってみよう」ということで、一週間でできた。『定有堂ジャーナル』（略称『T／J』）の創刊だった。すぐ井狩さんに送った。井狩さんは連載で加わってくださった。遊びで始めたのに、井狩さんの友情で、何か本当のことになってしまった。

井狩さんは「三つのことを心掛けるように」と、手紙をくれた。長く続けるように。なんとなくやるように。論じないように。その後、井狩さんが『AERA』に登場した時、このことをライターの方に話したら、「おっ、それは井狩春男スピリットだね」と頷かれた。

『T／J』は井狩さんのファンの方や、図書館関係の方々の購読がけっこうたくさんあり、ある業界紙に紹介されたりした。「いつまで続きそうですか？」と聞かれたから、「井狩さんで始まった『T／J』ですから、連載止まればそれまでですよ」と本音を言ったら、発売の日にFAXが入った。「友よ、大丈夫だ。いつまでも続けよう！」

地道な本屋という日常雑事に、時にオブセッションが見え隠れする。「本屋という仕事は、やはり特別な仕事かもしれない」と、嬉しく思えるのだ。

本を並べる

大書店だけで用は足りるのだろうか？

私たちの町に、何々会とかいう大病院ができるという話が、再燃している。へぇー、便利になるね、と口にすると、細君の千枝さんが、いやいやそうでもないよと眉をひそめる。大病院は町のはずれにある。年寄りや車のない人には関係ないし、そのために町の医院が閉業でもしたら、もう足を運べなくなる。子供の頃から診てもらったり、往診に来てもらったりした町の医院が。年寄りをかかえてたり、そうでなくても、少し長く生きてれば当たり前にわかるはずのことなのだけどな、と憮然《ぶぜん》としていう。あ、そうか、と少し自分の認識の甘さを恥ずかしく思う。

先日、近くの高校の英語の女の先生に呼ばれて、職員室に出向いた。「今は教材とか扱ってないのだが、指定したら扱うか」という話だった。「そういうものは大書店が扱っていて当然のことだと思っていたのだけど、町の本屋へもなるべく生徒の足を運ばせたい。あなたは店にいるとき、そういう子に声をかけて、あれこれ他の本も薦めるでしょう。そういうことが必要な気がする」と。それに類したことは、この頃二、三他の先生も口にされていた。

お得意さんの顔が見える商売があった

私は役に立つ本は好きでないから、学参とか実用書とかはお店に置いてない。あまりに目的や対象がはっきりしていて、心がときめかないからだ。それに店も広くないので、自分が好きなものを並べていると、それ以外のものには本気になれない。

本を並べる、という言葉は好きだ。例えば図書館なら、本を選ぶ。本屋なら、本を並べる。出版社ならむろん、本を作る。それぞれの役割と個性をとてもよく語っていると思う。

本を並べる、という言葉の語りかける感じは、あれこれでなくこの本を並べる、ここあそこでなくここのこの場所に並べる、という一所に懸命の雰囲気があって、とてもいい。

昔、町で一番と言われた本屋のおやじさんがいて、高校の職員室を中心にとても尊敬される仕事をしていた。新聞広告を見て、「あ、この本読みたいな」と思ったら、昼休みにはなぜか机の上に置いてある。「あれ頼もうかな」と言うと、「これでしょ」とタイトルも言わないうちに目の前に出してくれる。時には、昼休み、休憩室のテーブルにダンボールごと数箱本を並べて、先生たちは談笑しながら抜いて行く。だから本の話題がいっぱい飛び交う。もうこんな本屋のおやじさんはいないし、そんな人を覚えている書店の店員もいない。

あなたには〝町の本屋〟のイメージがありますか？

私の町の、本好きの年配の人たちは、いい本屋というものに、とてもはっきりしたイメージを持っている。一昔前にとてもたくさんの優れた友人を持っていて、いろいろ楽しみながら本を商っていたご主人とお店。そこで高校の外商を担当していて、その後独立した先ほどのおやじさん。町のお医者先生が往診するように、ときどき顔を出して本を薦める。店頭では、いつも本を並べていたりする。それが私の、〝町の本屋〟のイメージのようだ。

辻々に本屋があって、好みの本屋で顔なじみになる。読者が一代限りなように、町の本屋も一代限りだったりして、それでもけっこう町角や辻々に生まれたりする。辻で出会うのは魔物と、本当は昔から決まっていた。そう思うと、やはり町の本屋ってとてもいい、何かですよね。

本屋の愉しみ

「好き」は百千の方法論に勝る

本屋の店頭に、本を並べる。いろんなやり方があるだろうし、ここから始まる可能性も無限にある。

でも、無我夢中に十数年並べていたら、人文書をメインにした、けっこう狭い選択になっていた。

自分の読書の愉しみのために本を選ぶ、この行為は当然だが、とても個人的だし、主体的だと思う。というよりも、いまの世の中、主体的と言えるのは、ひょっとしたら読書という行為しか残されていないのかもしれない。

本屋の仕事は、自分の読書の愉しみの選択ではない。もっと受動的なものだと思う。読者の愉しみの選択のために本を並べる。ここには、ひとりよがりでは成り立たない、対話性に富んだ、豊かな営みがある。人のそういう愉しみの中で、自分の仕事をする。本屋の仕事は、いつまでもいつまでも尽きない喜びにあふれる特別な何かだ。

自分の仕事を振り返ってみる。それは、自分の愉しみを振り返ってみるのと同じ意味だ。

本屋を始めて十余年。素人で開業したので、必要以上に無我夢中で、無駄なこともたくさんした。でも、そうした無駄なことが、自分の本屋という仕事を結局愉しいものにしてしまった。思えば無方法だったことが、一番良いことだったのだと思う。近道をする必要は全然ないのだと気づいてしまえば、本屋という経験は、読者としての経験に始まり、読者としての経験に終わるという気がする。

魅力的な本屋とは？

もし、本屋という経験に固執するならば、着想は〝棚に始まり、棚に尽きる〟と思う。つまり、本を選ぶという固定観念にとらわれてしまいそうな気がする。しかしそれでは、何かきっちりしすぎるものがある。本を並べるということは、もう少し違ったことに思える。雑然とした中にこそ、脈打つような賑わいがあるのだ。

読者は、なぜある任意の本屋を好きになるのだろう。これは、本屋としての経験でなく、読者としての経験で考えるべきことである。本を買いにいくというのは、とても心のときめく、大きな愉しみの一つだ。ある場所で楽しいことに出会えば、もう一度、さらにもう一度と、同じところへつい足が向いてしまう。散歩の楽しみって、そういう期待感に支えられているのだと思う。本の並んだいつもの一角。その一角は一人一人によって違うはずだ。でも、自分の好みの一角は、なんとなく〝お決まり〟になってくる。その一角へと足が出向くのだ。

本は一冊一冊が違う。モノとしての反復性はないが、でも期待感としての反復性はとても強い。この反復性とは、著者だったり、テーマだったりする。この本の特別な性格は、読者の個性の特別さと決して別のものではない。この期待感の昂揚が折り重なって、賑わいを生む。魅力的な本屋には、何か目眩《めまい》にも似た高揚感があるものだ。

「カバーをかけて」という読者が好きだ

本屋の仕事は、どうも、ただ待ちつづけるしかない性質のもののような気がする。これは、とても好きなことの一つだ。とても多種多様な本の日々の流れの中で、ある統合的な「きっかけ」や「主題」を絞り込みながら、一定したイメージを店頭に漂わせ続ける。自分で選んだ読者像を勝手に膨らませながら、並べた本の小さな工夫を見つけてもらうのを心を弾ませて待っているのが、結局のところ、本屋の日々のようだ。読者は、本を探しにも来ているし、ほんのわずかなきっかけで、思いがけない意想外の本との出会いをも愉しんでいるのだ。自分の興味の本を探し、また同時に、出会う本によって、新しい興味をもう一つ増やして帰りもする。

本屋を始めてすぐの頃、あるエッセイの冒頭に「本にカバーをかけてね、という客はとても好きだ」と書いたことがある。たぶん、そういう読者を特別視していたと思う。本屋を始めた一九八〇年には、七〇年代読者の余韻のような、素敵な人がたくさんいた。自分で自分の読書の「主題」をきちんと持っていた。パブリシティの懇切丁寧な「きっかけ」の提供を、さほど必要としない人達がいたのだ。本を読むことは自我の拡張であり、確認であり、それは仕事とは関係ない。そういう〝生き方の黄昏《たそがれ》のとき〟があったのだと言える。たぶんそういう人達は、無意識に「カバーをかけてね」と言っていたのだと思う。私事をさらすのが恥ずかしいように、読書は恥ずかしいことだったのだ。私は、そういう読者はとても好きだ、と感じていた。

無名のかくれた天才や、あまり一般的でない興味の分野に、心を寄せる読者がいる。

これはなぜなのだろう。自分のアイデンティティ、自分の生き方のあり様を重ね合わせるからなのだろうか。小さいもの、かくれたものには、こうした読者をひきつける親和力がある。こうした読者には、とてもシンパシイを抱く。

本好きが集まれば輪が生まれる

小さな本屋の限られた空間が、こんな人達に、弾けるような喜びを与え続けることができたらいい、といつも思う。そんな空間のことを、「なんでもあるのではなく、どれでもある」と表現してみたことが幾度かある。あらゆる読者の求めるものが、なんでもあるわけではないが、でも、私の好きな読者の尋ねるものなら、どれでもある（あったらいいな、か？）、そういう風に思い続けたら、なんとなく、狭い主題のもとに本が並ぶようになった。喜んでもらえる、というたったそれだけのことを愉しみにしていたら、自ずとそうなった、というだけのことなのだが。

本屋の経験の延長で考え続ければ、仕事は棚で尽きる。でも読者という自分の経験を延長すれば、本屋はもっといろんな処《ところ》であった方がいい。本屋は愉しいことのいっぱい転がっている処なのだ。

私なら、本屋は本好きの人達であふれていた方がいい。そして、本好きどうしで知り合える場所だったらもっといい。読書が自我の拡張、などと考えている人は、きっと人見知りする人間だ。でも本の話だったら、自然とうちとけるに違いない。だから本読み会などもあった方がいい。本が好きな人は映画も好きだ。音楽も好きだ。そんな集まりがあってもいい。本好きが集まったら、何をやるだろう。ミニコミなんか絶対始めたいはずだ。

「定有堂教室」と称したいくつかのサークルや、『定有堂ジャーナル』という月刊ミニコミ誌などは、そういうきっかけで始まり、長い間続いている。長く続くのは、きっと「なんとなく」やっているからだと思う。

「なんとなく」というのは、何か方法論があってやっているのではなく、文字通り、何となく好きで人が集まり、ふと気がついたら始まっていた、ということだ。だから、どれもこれも希有な喜びであって、ホント、一期一会の愉しみだな、と思える。いまあるからといって、いつでもどこでもありえるわけではない。

本屋には、本好きの人が集まる。当たり前だけど、これって案外とても素晴らしいことで、たくさんの可能性の始まりかも知れない。

ブック・カバーへの思い入れの話

ブック・カバーへの思い入れといいますと、基本的には、「高度に知的な感じを」というのが、自分のまず第一のイメージでした。

「知的な感じ」というのは、じゃあ何だ？　ということになりますが、自分が本好きで、いつも本を読んだり、本屋に入ったり、古本屋を訪ねたり、買った本には、購入日と本屋名をメモしたり、読み了《お》えた日を最終のページに書き記したり、という平凡な日常がまずあります。そして、問題は、昔、本とカバーは切りはなせない一体のものとして存在していたというあたり前の経験です。つまり、買った本、読んだ本を書棚に並べておくとき、カバーをしたまま並べていたという、今から思うと恐しい事実です（とくに高校、大学一年がピーク）。当然カバーの背には書名を書きます。何が恐しいかというと、カバーがちぐはぐだったり、嫌いなカバーだと落ちつかない気分がするということでした。だから、できるだけ同じ本屋で購《あがな》うとか、カバーだけのために馬鹿なことをしていました。

そこで、知的であるということは、そんな無駄をしないことではないか、と思いはじめました。知的な人とお付き合いしたい、というのが書店創業の夢でした。だから、まず、背にタイトルが書けるレイアウトのカバー・デザイン、と考えました。紙質も、自店デザインでないのによくある（例えば出版社提携など）上質のつるりとした紙質でなく、クラフトというのでしょうか、茶封筒のようなものを、と考えました。色は紫がかった紺（ただし、黙っていると印刷所さんは、だんだん黒っぽい色あいにして行きますけど）。

――で、カバーはする人が好きか否か、というと、もちろんする人が好きです。人に見せたくない本を読む人が好き、というのと、やっぱりこのデザインをなんとなく気に入ってくれている、というのが有難《ありがた》いです。

ブック・カバーは、スポーツ・チームでいえば、ペナントだという気がします。だから、他の書店のカバーには、如何《いか》ようであれ、志を感じれば敬意をはらいます。

定有堂から

乖離・齟齬・難関（アポリア）などの言葉が好きだった。桎梏《しっこく》と感受の狭間から、能《あた》うかぎり処を選んで言葉を走査させるのが、可能事のすべてだった。既存性を異化すること、そんな〈大洪水〉の上にしか、〈自我〉を解き放つすべを知らなかった。一切はパラレルだったのだ。

書店を業として興すとき、たぶん私は、本をもう読まないという気がした。ランボオの灼熱のアフリカ、そんな、言葉という〈倫理〉から解放された、〈現実〉への羨望も道連れだった。業（ぎょう）は業（ごう）であると思う。一度回り始めた独楽《こま》が止まれないように、いや止まらないことこそが本意であるように、この業に身を捧げることが非合理的に諒解《りょうかい》されている。もともと献身は好きなのである。

近頃、本は風呂桶の中で読む。十二時過ぎ頃帰って来て、細君（千枝）が食事の支度をしている間、湯槽の中で、蓋《ふた》を半分残し、それを机代りに、本を紐解く。時折、そこに、細君がケーキやコーヒーを運んで来てくれる。そんな風だから、身体にセッケンを泡立てる暇もないし、たいした量の読書ができるわけもない。それに、そういう執着があるわけでもない。

定有堂では、パンフレット運動、リーフレット運動、教室運動、の三つが主に構想され実践されている。教室は、「千尋のフランス語」教室を嚆矢《こうし》に、大修館書店の康駿氏の言語論、『共同幻想論』読書会、さらには、土肥君の運営による、椎名先生（鳥取大学）の「アイデンティティ論」等を積み重ねている。

パンフレット運動は、文章化による読書・生活体験の相互的出会い、というものを主眼にしている。平たく言えば、人と人の遭遇というものを、一義に事大視している。『ブックレット定有』（略称ブックレット）というパンフが有志によって刊行され続けている（千石ゼノア氏・Shin氏等編集）。ブックレットは、いま熱い友情の沸騰に泡立っている。

リーフレットは、個人通信運動。

一つの観念がある。つまり、文章とは生活の追体験である。が、日常的にリーフ通信を生活の枠化したとき、奇妙な逆転のもとに、文章こそが追体験されるのではないだろうか、と。そういう心の動きこそ、私は〈倫理〉的であると思う。生きるとは、理念を現実化することの他にはない。この方向を〈倫理〉という。

リーフは、昨年暮、『戎町《えびすまち》通信』『ドジカル通信』『異端機関』が時を同じくして口火を切り、それにつづいて『セピアノート』『恥のうわぬり』『リーフレット定有』が継走した。整理記者・内科医・大学生・書道家・喫茶店主等々の個人リーフである。

風呂の蓋の上で、いま主に三冊の本を読んでいる。『幼児期と社会』（エリクソン）、『プラトンと資本主義』（関曠野）、『日常的思想の可能性』（鶴見俊輔）であるが、一冊めは、定有堂教室＝

〝アイデンティティ論〟のテキストであり、成熟と喪失というカテゴリーで解かれた近代化論の根元を、いま、この場所で再会するということに私は戦慄している。二冊めは、ひょんな出会いだったが、土井さん（某社記者）の発見したこの書を、私たちが追体験するという形で読書会へと継走しつつある最中の読書である。定有堂には、いま、土井さんの手製による壁新聞とチラシが点在している。読書会は春三月頃の予定である。三冊めは、私の魂の呼び声である。影響、というものが、歳とともに遠のいて久しいが、『死の中の笑み』『隔離』（徳永進）という本の世界は、私にとって事件だった。この世界の解析は、私の任ではないが、著者がどこかで、自分の精神形成に影響を与えたと語っていたこの書物がなぜか私の蒙《もう》を啓《ひら》くのではないか、と思えたのだった。結局、蒙は蒙のままのたうっている。日常性はにがてである。

今年の正月に、米子の「Ｆａｂｌｅ」というＣｏｆｆｅｅ＆Ｊａｚｚの店から、ブックレットに対して、ｗｉｔｈ ｌｏｖｅと記して賀状が届いた。ただ数行の、某詩人の言葉が書いてあるだけだったが、言祝《ことほ》ぎは十分だった。

業（ごう）は、いつも一人だが、業（ぎょう）は、あるいは、そうではないかも知れない。深夜、定有堂の事務所の奥で、この一文をしたためながら、ふと、そういう思いに促された――。

人文書で、もうおともだち

せんだって、人文会二十一社、取次三社と当地鳥取県立図書館との共催を軸にした研修シンポジウムがとり行なわれ、地元の一書店として参加させていただきました。人文書とのつながりが、地方の一小書店として、どのように試行錯誤できるかとの課題で、さらに自分なりに考える機会をいただきました。

理由は自分でも判然とはしないのですが、人文書は偏執的に好きです。『新文化』の「出版流通インフォメーション」には、自店紹介を、「品揃えのコンセプトは、総合でなく統合、なんでもあるのではなく、どれでもある。人文書とくせのあるコミックの狭間に揺れる、知的な遊人へ向けた、トータルファッションとして考えてます」と寄せてます。五十坪の小書店で、人文書を核としてみたいとのこだわりは、志というほど自明なものではないのですが、暗冥な執着というほどのものではあるかも知れません。

当然のことですが、書店の現場には本があるだけです。人文書という良い本が、前駆的にあるのでもなく、ジャンルをはずして、単にただ本があるだけです。人文書というものを実体的に考えてしまうならば、この権威主義の向こうでは、人文会すら一圧力団体と化してしまう他はないでしょう。

書店は生業である以上、業に過ぎませんが、事業というには宿命的に虚弱な気がします。扱う商品の特性によるのでしょうか、業として本気になりすぎると裏切られるような気がします。文化財であると同時に消費財でもある「本」というわがままな商品に付き合うには、一度何らかの自己放下を通過することが不可欠なようです。そう割り切ると、この生業は総力をあげてさしちがえる甲斐《かい》が十二分にありそうです。

人文会二十周年を記念した出版物、『人文科学の現在』には、「人文書は専門書のなかでは、もっとも集客率の高いものです。それは人間形成の基本が人文書にあるからです」とうたってあります。業を踏まえ、業を超える志がうかがえてうれしいです。

書店は総力を投じて営む他はないと述べましたが、「本」の文化財と消費財という価値の二面性に応じて、本屋もそれをなぞる他ないという想いが強くあります。総力という意味は、本屋はスペースのみの延長、展開ではその役割を完結しえないという確信です。

人間形成の基本は、一人孤立して本を読むだけでなく、その自己修練を踏まえて人と交わることだと思います。であるならば、書店もスペースで完結するのみでなく、書物が、人と人とを交わらせるべくしてあるものならば、書店もスペースを超えて、人と人との中に役割を見出《みいだ》して行くべきものではないかと考えます。その了解を称して総力的であると思うのです。書店は、「書物」という「物」を売るのだけれども、人と人とのつながりの中で生きて行くしかない、という前駆的確信は、人文書という、「特性化」された本の世界を前面に据えることで、具体的に現実化できそうです。

定有堂は、業を超えたところで、或《あるい》は業を全《まっと》うしたところで、スペースの枠を超える、という課題を追求してきました。人文書を基軸とするといっても、現実的な売場面積という限界はどうしようもない枠として立ちふさがります。しかし、この限界は本当は限界でなく境界に過ぎません。境界を越えるには、スペースを何らかの形で超えればいいわけです。

先日、『日販通信』の十月読書週間特集号の、地域文化の〈核〉となる書店という企画で、定有堂の紹介にあずかったのですが、その中で、「書店というのは人と人とのつながりでできている。つながりをつくっていくことが自分の仕事なんだ。人と人とのつながりがきちんとしていれば、どんな商いでもできていく」と、定有堂の暗冥な試行錯誤を言語化していただきました。そうか、人と人とのつながりが基本なんだな、と改めて認識させていただいたものです。

定有堂は、スペースを超えた人と人とのつながりの試みとして、「心理学講座」「岩波新書を読む会」「シネクラブ・テイユウ」「英会話」等々のサークルを合わせ持ち、定有堂教室と称して、活動しています。鳥取大学教授とか、NHK鳥取放送局のディレクターや、外国人講師などが手弁当で引きうけて下さり、市井の塾としては、高い水準を維持していると思います。

例えば、「心理学講座」のキャッチフレーズは、「心理学で、もうおともだち」です。半ば冗談なのですが、大切なのは「おともだち」です。学問は一つの「きっかけ」であれば、それでいいわけですし、「主題」は何よりもおともだちです。それは、お互いの観念性でつながれる必要があるということです。

お互いの孤独と観念性を不可欠なものとして生きている人たちが、それでも何らかの形でつながろうとしたら、それは言葉によってつながる他はないという気がします。

もし、一書店が、こだわりという形で人文書とつながろうとしたら、半ば冗談のようにして述べるおともだち主義ですが、当然の帰趨のようにも思えます。

こうした延長上に、うれしいのは、定有堂教室に関わる人たちを中心として、『定有堂ジャーナル』という月刊の書評小冊子を刊行（無料）し続けていることです。一人一人の孤立した観念性が、うまく言葉で出会えていいな、とワクワクし続けています。

書店の現場では、読者と本との出会いがあるだけで、分類、ジャンルはゆるやかなものです。むしろ境界に魅力があるとすら言えそうです。人間形成の基本に関与する、という一点に並びかえて人文書を考えれば、さらにこの境界は多様です。この現場で、そうした人文書についての〝情報〟と言えば、何をおいても、井狩春男さんの『まるすニュース』だと思います。人文書をゆるやかに、多様に考えれば、あるいは書店の現場性で考えれば、『まるすニュース』がいつもすくい上げ続けている領域に、私たちの読者の現在がある、とすら信じています。

『まるすニュース』は、単なる情報の逓送《ていそう》ではなく、ここに読者の現在がある、という信念においてすばらしいと思っています。だから、本の一情報紙でなく、書店の輪郭を形成するための「通信教育」として受容しています。そういうファン心理で、自分でかってに井狩さんに師事しているのですが、一年前の『定有堂ジャーナル』の創刊に際し、巻頭の連載をいただけるという果報にめぐり合いました（そう言えば、書評小冊子を交流の場として大切にする、というのも井狩さんにいただいたヒントでした)。鳥取の読者は幸せです。

研修シンポジウムで、未來社の西谷能英さんが、自社の社会科学書、人文書は、たかだか二、三千の読者をきっちりと見据えるところで出版活動を成立させ、自立させているし、そのことこそが肝要なのだ、と強調されたのが、強く印象に残っています。

それがすべてとは言えませんが、出版社には必ず潜在的であれ共感する読者がいます。PR誌、新刊ニュースなどが、親密なつながりを温めつづけています。書店にできるのはこのつながりをできるだけきっちりと生み出し、冷やさないように持続することだと思います。

書店は、本を並べるだけです。並べるだけですが、出版社が、身体的存在としては、どこまでも社会内存在でしかなく、にもかかわらず頭だけは無限界の、身体的境界を持たない、それは身体的でない故《ゆえ》に無境界なのですが、学者との付き合いを基軸とするのに反して、どこまでも肉体的境界の内にある、生きた肉体を抜きにできない知性とつながるという面で、何事かだと思います。

いずれにせよ、本屋でよかったな、と思います。

町の本屋の物語

最近ある版元の、思い出の本を挙げるアンケートがあり、「この世の外ならどこへでも」というテーマで答えを選んだ。

私的に町の本屋を始めて十五年、本当に私的に本を並べ続けているのだけど、気分としてはそういうふうに本を選んでいる。

私はなぜ町の本屋なのだろうと、最近少し自覚的に考え始めている。どうも棚づくりには、自己完結的な形では満足しない。自分の知識で棚をつくることより、町の中の本屋の、この小さな場所に本を並べる、ということの方が愉しい。

若いときに、本を読むのが好きで、他に何も望んでいなかったら、そうしたアイデンティティを社会へ出て飼いならせなくて、腰くだけな人生になってしまった。本屋を始めるしかなくなって、ここがユートピアでなければ、もうどこにも行くところはない、と思った。本を並べることが、自分一個の思い込みでなく、皆と関わりのある喜びであればいいなと、だからいつも思う。

いま思えば不思議なのだけど、本屋を始めることは、町の寺子屋を始めるのと同じことだと考えていた。時代の夢と無関係でない、ある思い込みだったのだろうか。

でも、本屋に集まる、少なくない人たちもそう思っていて、あたり前のようにサークルがたくさんできた。

本に親しむこと、本をオブセッションとすることは、ボードレールの、天空に漂う雲のように、「この世の外なら」と思念することだろうか。気分的、感覚的には、そうかも知れない。だから、定有堂には、文字通り役に立つ本はほとんどない。何かいい本ないかな、と探しに来る人も、そういう意味での良い本を眼で探す。この気配が定有堂らしいな、と思う。

サークルの一つ、読書会（定有堂教室「読む会」）は人文書、とくに現代思想に関心を寄せる。この定有堂がもつ「気配」は、理論的な自己了解をどうしても必要とするのだろう。自分をつくり育てた「気配」は、このアイデンティティを、言葉によって鼓舞しなければならない。

だから、町の本屋は、皆のオブセッション、本というものの、発生以来本性的にたずさえている「熱狂」を、この町の中で、なんとなく並べつづける。この世の中にいるしかない理由を求めていたら、人文書の豊富な言葉が、ここにもあそこにもあるぞ、と思えて愉しい。

第二章

「書店」と「本屋」

1997-2001

（写真・定有堂書店）

「本屋」論

身の回りの小さな話でもかまわないとのことですので、自分の「本屋」についての考えを述べます。

勤め人のなりわいにうまくなじめず、喫茶店か雑貨屋でも始めようかと思って、なぜか本屋を始めてしまったのが十七年ほど前です。なぜなじめなかったかというと、自分を見失ってしまいそうだったからです。べつに大きな意味で言っているわけでなく、不器用だったというだけの話です。で、なんとか普通に生きていきたいと、落ちこぼれるようにして最後にたどり着いたのが、本を商うという場所でした。

この町の中で本を扱って生きる、というのは、不思議なことに自分を見失わない場所のようでした。町の本屋という世界ですから、たかが知れた世界です。でもこの「たかが知れた」というのが、実によかったようです。けっこう自分が好きに生きて迷惑をかけない小さな世界だからです。

なじめる世界となじめない世界というふうに言うと、勤め人の世界はなじめませんでした。仕事に「意味」を見出せなかったからです。でも例えばかつて、読書会とかの人間関係にはなじめていました。「意味」をめぐっての人間関係だったからです。

本屋は好きにできたので、読書会などサークルをいろいろ始めました。「定有堂教室」と称して、「意味」の交流の基盤を作ったわけです。語学とか映画、心理学、それに人文書の読書会「読む会」などさまざまです。

本屋は生きやすいかというと、大変生きやすい世界です。なんでかなと長い間思っていたのですが、数年前の「読む会」の時にふと思うことがありました。

そのときは会員の心療内科医の指導で、木村敏の『偶然性の精神病理』をとり上げていたのですが、「離人症」の話題が出ていました。専門的でなく、ただ自分を見失って不自然、というくらいで理解しただけですが、リアリティは保たれているのにアクチュアリティがすっかり失われている、という説明が面白かったです。リアリティは事物の認識、理解。アクチュアリティは現実へ働きかける行為のレベルです。

つまり普通でないということは、不自然で、自分を見失う、というかたちで所作に現れるわけです。

私は、わりと自分を見失いがちに生きてきたのですが、一つだけバランスのいい生き方の場所があったように最近思えてきました。リアリティとアクチュアリティのバランスのちょうどいい場所は、「本が好き」という場所であったように思えます。本を間において の人間関係、対人関係というのは、どうも思った以上にスムーズな結果をもたらすもののようです。

私の「本屋」論は、私が普通に暮らせる場所というところに落ちつきそうです。だから、それはまた「本屋アジール」論でもあるわけです。「読む会」で、そういえば網野善彦の『無縁・公《く》界《がい》・楽』も、はやくにとり上げました。当時の秩序立った社会層からはみ出た、その他をひとくくりに百姓と呼んだというのが、その論の画期的なところでした。「書店」はいざ知らず「町の本屋」は、そのように「脱落」して生きることのできた、ある何かだったのかも知れないなと思っています。

でも、書店の管理がすみずみに行きわたり始めているので、「本が好き」という微妙なバランスの世界も、もう通り過ぎる幻想かなとも思います。小さな世界だからこそ保たれた、リアリティとアクチュアリティの均衡だったのでしょうか。

ザ・ブックマン

平凡社ライブラリーに『増補　無縁・公界・楽』が入った折、あらためて読んだ。アジールについて論じてあって、ひそかに気になる本なのだ。アジールという言葉はとても好きだ。半ば本気で、本屋アジール論を夢見たりしている。

「本を選ぶ」ということを、アジールに重ねてみたい思いがとてもする。本を選ぶという行為は、ここにあるものとここにないものとの境にある、人に許された数少ない特権的な愉しみだ。

本屋という仕事がらほとんど一日中活字に目を通している。食事の時もそうだし、うちに帰っても風呂の中で読むし、ビールのつまみも活字だ。手当たり次第に手に取る。活字がない時は仕方がないので、新聞の折り込みチラシに目を通す。

喜怒哀楽の大部分を活字から得ていることになる。やはりこれも本に根ざす、活字系の文化というものなのだろうか。読者として書店の店頭を巡るのはとても好きだ。自分を招いている本と出会い、自分の意識が変換し拡張する、そんな期待感に身震いするからだろうか。

自分のうちの本棚は見せたくない。見透かされそうで恥ずかしいからだ。でも自分の作った本屋の棚は見て欲しい。少し背伸びして、自分の書斎の棚でつちかった自分の世界の片鱗をそっと見せたいからだ。本が好きな人はたくさんいる。でも書店人は、本が好きなだけではなく、人が好きなのだ。「いい本ありますね」と言ってくれる人との出会いを、いつも夢見ているのだ。

読者は一冊の本を選ぶことの中に、自分のアイデンティティを再体験する。本を選ぶことがいつも、ここにはない自分に立ち帰りここから出発するものであれば、この場所はやはり、アジールと言っていいのではないかと思うのだ。

本屋は「舞台」なのだ

「見聞」というものを、とても大切に思う。一人一人の読者は、自分の「関心」の井戸をとても深く掘る。本屋は、そんな井戸をたくさん覗く。読者が「関心」を深めるのならば、本屋は「好奇心」を全開にする。好奇心では、読者に負けないぞ、とひそかに誇るものがある。

本屋は劇場に似ている。舞台はたくさんの視線に応える工夫を尽くす。店頭もそうだ。舞台裏には、観客に見えない、もう一つのドラマがある。本屋のバックヤードにも同じように好奇心という工夫がある。本屋の舞台は、いつも本の現在というアクチュアリティを演出している。バックヤードは、いつも次の幕の道具立てを用意しておかねばならない。

私は、本屋を歩くのが好きだ。次の幕のために、登場する新刊をどんどん見つけねばならない。

情報誌で探したり、日販の西日本流通センター（大阪）まで本を求めて行く。足を伸ばして、梅田や京都の本屋を散策する。「本の情報」は、本屋に一番ころがっているからだ。決まったコースで定点観測のように歩く。

私の本屋は小さいので、訪ねて下さる版元さんは、仕事というよりは、個人的なお付き合いが主となる。本好き、本屋好きの人ばかりで、各地の本屋の話がたくさん聞ける。「店頭」の話題は尽きることがない。

本屋は展示場ではなく舞台だ。いい本が展示してあるだけでなく、工夫が展示してある舞台なのだ。そして工夫には限りがない。本がいろんな工夫の中でライトを当てられ、本屋を歩くと、その工夫が楽しい。

私は本屋見聞という道楽があるので、よく遠くに出る。「何しに行くの？」と本好きの友人に聞かれる。「いや、本の仕入れと……、うん、工夫の仕入れかな」とお茶をにごす。

本の紹介は楽しい

本屋の仕事はその性質上、受け身なことが多い。でも、「引いて生きる」この場所は、あんがい見通しがいいようにも思える。

いま、本の紹介を三通りの形でしている。『朝日新聞』の鳥取県版に書評を隔週。タウン誌に毎月。そして自店ミニコミ誌『定有堂ジャーナル』末尾の、「ＶＯＴ」というコーナーでお薦め本を列挙する。

地方版で書評をすることの意義は何だろう。郷土の本は採り上げていない。「身近な」ところで必要以上に共感するよりも、書物で考えることの豊かさを地域の人たちと共有したいと望んでいる。本が好き。地方で暮らす。ここから見える「見方」を、本屋という場所から地続きに考える。「読む会」という人文書読書会の共通感覚を基盤にしている。

タウン誌の性格は、町の中に街を見出すことだろう。読者は若者が多い。ソフィスティケイトした視点の「街探し」だ。仮想の現実かも知れないが、ファッショナブルで感性的なもの。アートなたぐいの写真集とか、ホビー感覚の、思いがけない工夫を尽くした本を選抜する。

『定有堂ジャーナル』は読者のサークル書評誌。「ＶＯＴ」は仕入れ担当者としての選本なので、正念場と重視している。主眼は、読者が本屋を選び、本屋が読者を選ぶような、同じものを見ている情景の確認作業。本を通じた世界の「見方」の姿勢を示そうと努めている。

本が好きということは、知的好奇心が豊かなことと同一だ。たくさんの読者の好奇心に対応できるような、「窓」の切り替えを身に付けるのは楽しいことだ。人の好奇心を肯定して付き合うこの場所は、人の背中越しに本を選んでいるようで、飽きることがない。

本屋のカスタマイズ

小さな「町の本屋」のせいか、「縮み志向」のものが好きだ。マッキントッシュ（マック）が好きで、三台持っている。でも、いつも手許《てもと》から離さないのはやっぱりノートパソコン。データ管理も遊びになるし、PHSとカードモデムでどこからでもメールの送受信もできる。定有堂のパティオ（小会議室）も開設している。

手軽で楽しいのが、カスタマイズ。カスタマイズというのは、機能そのものは変わらないが、環境設定を、自分だけのためにマニアックに変更することだ。操作環境の個人の好みへの設定変更だから、万人に役立つ必要はない。「狭さ」の利便を選んだ方向のものだ。

といっても大したことをしているわけでなく、アイコンやソフトの起動を、ハードディスクからではなく、アップルメニューに集中しているというくらいのことだ。で、何がいいかというと、いきなり、自分に必要な「核心」に到達できることだ。

読者の書斎もきっとそのようなカスタマイズされた、整理整頓された狭い空間だ。整頓とは、必要なものが必要な場所にあって使い勝手がいいことで、整理とは不必要なものを置かないということだ。

私は本屋好きなので、近頃のメガ書店の乱立は一読者としてとても楽しい。とにかく広いので、日頃会わないような本に久しぶりに再会できてなつかしい。本の現物にはたくさん会いたい。そして、町の本屋の小さな空間にカスタマイズしようと工夫する。遊びが仕事になって楽しくなる。『「縮み」志向の日本人』という本には、日本人は「の」の助詞が好きだとある。つまり「入れ子」にするのが好きなのだ。大書店の入れ子になったような、縮み志向の本屋が私の夢だ。「本好き」の人たちだけのためのカスタマイズなのだ。

「本屋アジール」論

今回は「本屋」論。もちろん極私的な話に過ぎないのですけど……。あるいは「本屋アジール」論。

本屋の営みは「定有堂教室」というサークルとともにある。役所に勤める人、教師、医師や新聞記者などいろいろな職種の人がいる。共通項は本好きというくらい。「定有堂教室」の一つ「読む会」は、二階の片隅で夜中の零時過ぎまで延々と続く。ここでは皆「本好き」の原点に還る。議論に熱中し、ふと、こんなところで世界を論じていることがおかしくなり、ま、アジール（避難場所）だからいいか、と笑い合うのもしばしばだ。

「読む会」は人文書の読書会で、月一回。もうとうに百回が過ぎた。講師は日本史の濱崎洋三先生で、中世的民衆の自由にこだわった人で、自らを「狂簡《きょうかん》の徒」と称していた。志大きく進取の気象に富むが、行為に粗略な者、と論語にあるらしい。「アジール」は、ここでは「狂」「反骨」と同義でもあるようだ。

現代思想を主とした人文書に関心があるのは、自分の現場をきちんと認識したいからだ。百回の頃に、この私たちの師は鬼籍に入った。県史の編纂にも携わられ、史料の発掘を踏まえた仕事を重視された古文書読みで、公文書館長そして現職の県立図書館長だった。終始一書生の姿勢だったのが不思議だ。

師事した人たちを中心に遺稿集がもうすぐできる（述べて作らずが信念だった）。ご遺志が定有堂での出版ということで、最初で最後の発売元となる。書名は『伝えたいこと――濱崎洋三著作集』。地方・小出版流通センターで扱っていただけるので、お目に留まればうれしいです。

いつも一書生であること、「本好き」であること、共生の場としての「本屋」論がここには語られているはずです。書物を扱う本屋は、「無縁」に近しいと知る故です。

本の泉

本の並べ方は、誰に教わったわけでもない。だから我流。経験といえば「読者」としての経験が、ほんの少しあふれた思いとしてあっただけだ。

見取り稽古とでもいうのか、本屋の人の「言葉」「振舞い」には、とくに耳を傾け、目を凝《こ》らす。一つ大切にしているのは、「本屋の専門知識は、どの本がフリー入帳かを知ることくらいだ。身をもって覚えるしかない」と教わったことだ。当たり前のことかも知れないが、でも私は、本屋が職人仕事であるのならば、一番大切なことの一つだと思う。

本屋の棚は、澱《よど》みのない流れの「本の泉」だと思う。伸縮がきいて、時の移り変わりに足並みをそろえてメリハリを利かせる、新鮮な流れでなければならない。

町の本屋の棚は小さい。小さいけど、いま現在のこの棚の風景は、時代の本たちのさざめきの縮図になっていれば、逆にかえって見通しのいい「展望」ではないだろうか。本屋はこの自分の「展望」をじつは売っているのだ。本好きがしばしば現実を逆転して考えがちなように、世界は本当は「本」の中にあるなどと錯覚を楽しんで、この「展望」を温め、いじっている本屋の日常は、まるで「本の世界」の王様のようだ。

本を揃えるのではなく、本を並べ続けるのが好きだ。そんな私に、本屋の仕事はエンドレスな喜びを与えてくれる。棚の「流動」性を一義にすると、本の知識も必要だ。限られた条件や枠の中で、このテーマをこの本でなくあの本で、と工夫するからだ。

読者としての私は狭い関心の人間で、すべてを知る必要はないと思っている。本屋としての私は、そんな人間がたくさんいることが面白い。本屋でなければ現実と付き合うことが稀薄だったかも知れない。だから、本屋っていいなと思う。

「書店」と「本屋」

私の話は、本が好きだということと、本が好きな人たちと触れ合って暮らすのは楽しい、ということに終始するので、どうしても狭い。

「本」の扱いは趣味なので、必要以上に手間ひまをかける。無駄が多いのだけれども、と言って他に、「仕事」レベルでの能力もない。「本」に手間をまぶして店頭に集め、並べてみるだけだ。趣味のハマリ方は二つあるかも。好みの延長へ広がるか、好みへと「沈没」する。バックパッカーの仲間うちでは魅せられて定住するのを沈没というそうだ。「本」以外のことには興味がないので、文具、雑貨も好きだけど、やっぱり万年筆の本とかホビーの本とかにしておきたい。自分では「本の精進料理」と称している。本の肌触りが好きなのだ。

いっそ書店と本屋を呼び分けたらどうだろう。そうすると、パワーゲームから降りたところでゆっくり歩けて気が楽になる。本屋から書店へという進化の方向だけでなく、本を扱うということ自体の進み方、変態（メタモルフォーゼ）として、書店と本屋がある、という考え方は空想的だろうか。

　可能性の魔という言葉がある。本屋は可能かという問いかけが人を「本屋」にする、というのだ。私が「本屋」を好きなのは、どこへも行きたくないからだ。本が好き、という拠《よ》り所を離れたくないし、狭い場所だけで生計を立てて行きたい。だから、「本屋」は本が好きということに始まる「幻想」を育むことができる器、と定義する。そんな「本屋」さんにたくさん会いたいと思う。いま考えているのは、小さい、狭い、根差す、という三つのテーマ。たぶん「地域」という言葉に集約される。本を読む「集い」を深め、三百冊程度の出版物を手作りするのも楽しいかな、と思っている。

ウェブ、そして町の本屋

近年ますますボーダレスな時代に突入し、物事を一口に言うのも難しく、書店を語るにも、見ているものはてんでんばらばらな気がする。

で、語れるのは自分の「身の丈」のことだけ、町の本屋とホームページの接点について。でも、これはきわめて今日的な話題だと思う。

町の本屋って何だろう。町角にあるから町の本屋か？　そうではなくて、「まち」の中に縮むから町の本屋だと思う。むしろ「縮む」から町の本屋なのだと思う。なぜ縮むか？　時代が野放図に拡散するから、カウンターカルチャーとして「身の丈」へと自己意識する。

私は町の本屋だけど、ホームページを作っている。で、役に立つのか？「仕事」としては、これだけネット書店が展開し尽くしてるのに、屋上屋を架すだけで、役に立つはずもない。でも「私事」としては役に立つ。町の本屋はこの「私事」に縮んだところで、はじめて「まち」の中に自分の居場所を築けるのだと思う。居場所ができれば仕事ができる。

町の本屋だから、当然ホームページは自分で作る。しょせん仕事にならないのだから、余計な費用はかけられない。ネット販売の用もなさないのだから、欲を出しても仕方ない。じゃ、何が残るか。そんなふうに考えてたら、ウェブマガジンとしてなら、こんな重宝なツールはない、と気がついた。

ＩＴ革命なんてのは、覇権主義の人たちが口にするだけで、町の本屋にとっては、はやく通り過ぎて欲しい野伏《のぶ》せり集団の荒らしのようなものだと思う。収まるまで、読者と息をひそめていたい。

町の本屋は、読者と「本の特性」に助けられる。「本」そのものはあまり地域性のないものだけど、本が好きな人はじつは地域的（ローカル）に読む。本好きの人って、みんなが一斉に読んでる本って、それだけで嫌がりますよね。そんな人ってどんな人と聞かれると説明しにくいけど、なんとなく、「ただ本が好き」なだけでなく、「本屋も好き」という人たちが増えている、と感じる。

町の本屋がウェブマガジンを作るなら、こんな「本が好きで、本屋が好き」という人たちと息をひそめて避難したい、と考える。

いまなぜ「本好きで、本屋好き」な人たちが、本の周辺に残っているか？　それは「読書」が危機的な環境になってきている、ということと表裏一体ではないか。本を読み合う環境が身の回りに失われてきているから各個バラバラに「本屋」に辿《たど》りついてしまう。で、この場所から、なんとか読書の環境をもう一度築いてみたいと考える。

私は人文書などを中心に扱っている地味な本屋なので、そんな地味な本が好きな人たちを相手に受け身で棚を作っていくしかない。受け身の仕事なので、「きちんと飽きることなく」仕事するしかない。いまインターネットの利便性が豊かになっていく時代なので、この世界の可能性を自分なりに取り入れていくことも「きちんと仕事する」ことのひとつだと思う。ＩＴをミニコミ化したのだ。

こんなミニマムな状況できちんと仕事したい。町の本屋がウェブと接点を持つとしたら、ミニコミ的な世界を築くことだ。これはプランというほどのものでもない。ただ好きだから好きにする、という身の丈の発想。ウェブマガジンは、本好き、本屋好きの集う「まち」のタウン誌。読書は一人でするものでなく、仲間を意識しながら隠れて読むもの。だからこの「まち」は隠れ里。

インターネットは拡散志向。カウンターカルチャーとしての町の本屋は「縮み志向」。わたしたちの国では茶室を持ち出すまでもなく、「縮む」ことは良いことであったはずだ。文化の古層から力を汲み上げることでもある。ホームページを自分でつくり、毎日更新する。毎日原稿が入るのだ。当然日常あれこれはできない。本屋いのち、ウェブマガジンいのち、となる。冗談で、山ごもりの出家みたいだね、と言ったこともある。でも、こもるのは一人ではない。本好き、本屋好きの読者とともにこもるのだ。

ある人が、定有堂のサイトって、「隠れ里」「ノアの箱舟」だね、と評してくれたことがある。いま町の本屋は外圧の中で、それぞれにどういうカウンターカルチャーを築いていくかが問われているのだと思う。

町の本屋から生まれた本――『伝えたいこと』出版のこと

読書会を主宰した濱崎氏の思索を凝縮した本

『伝えたいこと』、副題は濱崎洋三著作集。遺稿集なのですが、メモリアル化を排して、メッセージを中心に編んだ本です。

どのような著者でどのような本かという説明は、多彩な人々がそれぞれの専門で関わっているので、多様になりますが、発売元としては、定有堂書店のサークル活動の中で、定有堂教室「読む会」という人文書の読書会を、八年も主宰した人の思索を凝縮した本と構想しています。

定有堂は「人文書的な世界」が好きですが、棚のコスモロジーで自己完結するよりも、サークル拠点としての本屋のコスモロジーでの展開を好みます。濱崎洋三氏は、県立図書館長の在職時一九九六年転移性肝癌《がん》にて急逝。古文書を軸とした歴史研究とともに、市井にあって普通の人たちと人文書の読書会を続けることの二点を、自分の大切な生きる糧《かて》と語られたことがあります。古きと新しきに絶妙の好奇心を輝かせた人です。

「閉塞する現実の中で、とらわれない視点を育め」

鬼籍に入る一月ほど前、三十年も昔の教え子たちが当時の高校校舎で「最後の授業」を依頼しました。末期がんの苦闘の中で、「伝えたいこと」と題して講じられました。「閉塞する現実の中で、とらわれない視点を育め」という意味の主張をいつもしていた人です。自由な認識。周縁人、被差別民の存在の可能性を、中世史を踏まえて説かれました。むろん専門の歴史学も、自恃《じじ》に満ちたものです。地域に史料を探索し、全体の眺望のもとにその意義を質《ただ》す、という独自の史観を築かれています。

講演「伝えたいこと」を主軸にした講演集、批評集、また歴史論集です。「大声で叫ぶ人、人を動かそうとする人、そういう人達こそを信じてはならない」という最後の講演のインパクト、そして地域を定点として考え生きる方法論集ともいった、「後哲」へとリレーしたい内容に溢れています。

本づくりは最初から、「地域」へ交差してみたいと意図しました。近代国民国家は、個人個人をバラバラにし、国家と一対一で集中管理していくシステムのようです。この集中管理を相対化したとき、おのずと与件になってくるものを「地域」と考えてみます。そういう可能性に気付かせる本なのです。

定有堂は、「本」の一小売りです。上流から来た本を並べて売るだけの小さな町の本屋です。「志」だけは高くても、「本」の流れを逆行する方途もじつは全然ありません。「狂」で終わるところなのですが、一つ、「地方・小出版流通センター」へ持ち込めばなんとかなる、と「小売り」としてのかすかな勘と希望があったのです。

出版社でなく、「小売り」として作った「本」というのが良かった

「町の本屋が、きちんと付き合って下さった方の本を、きちんと出す。そりゃ、いいことだから応援するよ」と形のない段階から、支持して下さったのが「地方・小」でした。本の情報のヒエラルヒーを逆流できるというのは、とても愉快な試みでした。

活動体としての定有堂は、ミニコミ『定有堂ジャーナル』という月刊誌も出しているのですが、この実質的な主宰人である井狩春男氏が、いち早く、『週刊ダイヤモンド』の連載コーナーで、この「本」の意義を採り上げて下さいました。意義の鮮明な解説に触発されて、『毎日新聞』の大阪本社版がすぐに報じて下さり、NHK中国ブロック、『朝日新聞』「こころ」のページ（大阪本社版）と陸続とパブリシティに恵まれました。発売三カ月で三刷四千二百部へ到っています。

出版社としてでなく、「本の小売り」として作った「本」というのが良かったと思います。「本」を読む人たちの十分な納得を尽くして作った本です。周囲の同志的に敬慕する方々が専門を尽くし、遺漏のない索引も付した、「本」そのものが愛情あふれる装幀で守られた本です。

著者は、この本の中で言っています、「一方的贈与という他者信頼」、と。等価交換でない一方的贈与という人と人との関わりを重視しています。個を分断し支配する罠から救出することを教師としてのテーマとし、自由な人と人との交歓を「市井」に夢みた人です。「地域」とは、そのような人と人との「あいだ」幻想を生きられる場所かも知れません。

第三章

「身の丈」の本屋

1999-2000

（写真・定有堂書店）

人に教わり、本に教わる

私は、「町の本屋」という言葉が好きです。ここには「身一つ」、そして「身の丈」の生き方があるように思えるからです。

「本」をはさんでの小さく狭い世界にこだわってみたい、と願っています。町の本屋には「物語」があるという気もします。またそんなおしゃべりを「本屋トーク」と自称しています。

それは「スモール・イズ・ビューティフル」という世界ではないでしょうか。「身の丈」という原型に還ったとき、私たちは〈青空〉に出合えていると感じます。

朋有り遠方より来る

本屋って何だろう。例えば、十八年ほど前に開業して少し経ったころに私が読んだ入門書といえば、『就職しないで生きるには』（レイモンド・マンゴー）、同じタイトルをシリーズ名に振った『ぼくは本屋のおやじさん』（早川義夫）だった。

ここには、具体的に役立つことはそれほどないが、「身一つではじめる」ということに、れんれんとしたこだわりが語られていて、とても親密さを抱いた。

昨年、大阪から大井実という青年が訪ねてきた。同じようなあこがれで本屋を志していて、他人事とは思えなかった。京都の恵文社一乗寺店と鳥取の定有堂書店のような本屋を始めたいと、企画書を見せてくれた。構想の中心は、売場がどうのという先に、集会所やミニホールがあって、そこで何をやる、という抱負だった。「朋有り遠方より来る」という思いで、ワクワクした。千葉に実家があり、なぜか札幌で開業したいというフットワークの軽さだった。今年に入って便りがあった。突然福岡で知り合った女性と電撃結婚して、福岡の積文館書店で修業しています、と記してあった。

スモール・イズ・ビューティフル

本屋をやっていると、この路《みち》はいつも一人ではないと感じて心温まる。マンゴーは、二十代に「仕事」は憎悪すべき単語だった、三十代に入って、「仕事」は美しい言葉になり、最高の「あそび」になった、と言っている。「身一つ」ではじめるようになったからだ。

私は「町の本屋」という言葉が好きだ。シューマッハという人に『スモール・イズ・ビューティフル』という本がある。人間は小さなものである。だからこそ、小さいことはすばらしい、という本だ。しかし、極めつけは、「成長は神秘に満ちているが、それ以上に神秘的なのは、成長がおのずと止まることである」というところだろう。成長は止まるが、成熟には終わりがない、と思う。町の本屋は小さいから、ビューティフルである資格だけは十分にあるわけだ。

そういえば、大井さんがうっとりとして「いい本屋です」と言った、恵文社一乗寺店をこの三月に訪ねた。確かに陶然とするような本屋だった。書棚という什器《じゅうき》に本が納まっているというより、心なごませる家具に書物が安らいでいるという印象だった。そして折れ曲がった奥にはひっそりと、夢のミニホールがあった。

本を仕入れる

桜の開花したころ、大阪に足をのばした。摂津に日販の西日本流通センターがあり、たまに仕入れに行くのだ。三時間半ほども棚から棚へ、蜜蜂のように飛びまわって本を抜く。犬もあるけば棒に当たるで、いい本が転がっているのを拾い集めて歩く。終盤には頭がボーッとしてくる。

日販のマイクロバスで千里丘まで出てJRで梅田へ出る。「堂島アバンザ」にジュンク堂というメガ書店が開店したというので、はせ向かうのだ。結局私は本と本屋が大好きなのだ。

三階の専門書を見るだけで二時間ほどもかかってしまう。こんな本うちにもいるよな、などとメモしながら歩くからだ。三十五冊ほど控えた。自分ではこれも大事な仕入れのつもりだ。あと四十分くらいで、二階と下を駆け巡る。棚が林立していて森のようだった。

さてひと休み、お茶をする。

急いだのは、梅田の紀伊國屋書店の隣の喫茶店で人と待ち合わせしていたからだ。じつは『定有』というミニコミを出している。執筆者の一人に永田靖さんという青年がいる。人柄が良くて、頼まれると断れない。定有堂書店には定有堂教室という自称「町の寺子屋」があるのだが、そこでかつてロシア語の講座をお願いしていた。大阪大学の助教授（演劇・映画）で転出されても、ミニコミやなにやお付き合い下さる。わたしはかってに、実家が三重で浄土宗のお寺なので、衆生を見捨てきれないのだと思っている。足下を読まれているのだ（先生ごめん）。

お茶したのは、メガ書店と町の本屋についてレクチャーしてね、と頼んでいたからだ。ノートを取りながら話に耳を傾ける。

「ぼくは奈良さんの本屋がいいと思うよ」「エッ、どうしてどうして！　もっともっと言って」と先をうながす。「個人のテイスト」がぼくらはうれしい、と説明してくれた。

個人のテイスト

なぜ街にでるか、なぜ書店に足を運ぶかというと、「時代の方向性」を知りたいからだ。それはトレンドと言ってもいいのだけれど、トレンドにも多様性がある。メガ書店ではどうしても大衆性が、トレンドのステージとして優先され露出していく。

スモールな本屋では、個人のテイストの交感として行われるので、流行の大勢（メインストリーム）としてよりは、方向性の先取りとして、時代の予感をおのずと予知させることとなる。

「だから定有堂では、トレンドがテイストとして現象しているわけだよね」スモールな本屋の魅力は、「一部」でしかないにもかかわらず「全体」を喚起する。つまりメトニミー（換喩）の豊かさが生命線、といえるのかな。そんな指針を噛みくだいて語ってくれた。うれしかった。

町の本屋は、小さい。小さいから、身の丈で生きることができる。いつも、人に教わり、本に教わる。

座敷わらしの荒ぶる魂

書店映画

先日、岩波書店の渡部朝香さんが販促に見えた。貴重な情報を教示いただいた後、「ところで、『ユー・ガット・メール』ご覧になりました？　これ本屋さん必見ですよ」という話になった。彼女の説明だと、メールで男女が知り合い、恋におちいるラブ・ロマンス。だがじつは、この二人はライバルの書店同士だったから大変だ。

メグ・ライアンが小さな児童書店の女主人。トム・ハンクスがそのまん前に進出するスーパーブックストア「フォックス書店」の御曹司。母の代から営む児童書店が、みるみるさびれて廃業に追い込まれる。この間メール友達に嘆き訴えるのだが、じつは彼がメガ書店の、若きオーナーだったのだ。

社会現象としての、弱小書店の零落が狂言回しになっていて、心騒ぐ「書店映画」だった。ま、結ばれて大書店の妻に納まるのだから、ハッピーではあるのだけれど。でも、釈然としませんよね。

荒ぶる魂

最近、ミステリー評を手がかりに多読していたら、ミステリーの面白さと別に心に引っかかったのが桐野夏生だった。あとがきの一つに「女にも荒ぶる魂がある」とモチーフが明かされていて、あ、これかと思った。

この「荒ぶる魂」という言葉が、この人の根幹かと思えた。女探偵は「身一つ」の世界に生きる。身一つを支える、荒ぶる魂という生のモチーフを、桐野は「プライド」と説明している。「プライド」と「身一つ」はここで同義語なのだ。転んで起きあがるとしたら、その場所はここにしかない。

桐野の女探偵村野ミロに較《くら》べたら、メグ・ライアンは「プライド」がないと思えた。書店と本屋は、本当は違うのだ。書店はビジネスの世界だが、本屋はそういう意味では「プライド」の世界なのだ、と思った。本屋にも「荒ぶる魂」があるのだと言ったらおかしいだろうか。うーん、十分おかしいような気もするけど……。

運・鈍・根

私は本屋の仕事が好きだ。というか本屋以外の仕事は、まず勤まらないのではないかと思う。本屋を開業したのは三十一、二の頃だったので、それまでいくつかの職種に就いた。本屋を始めようとしたとき、心を支える言葉は、「運・鈍・根」だった。たぶん、私は人生をやり直そうとしていたからだろう。

商いとしての本屋は結局「運」ではないかと思う。最終的に本を選んで買っていくのはお客さんだし、自分にできることは本を選び、その選んだ本を選ぶ人と、うまく出会えるかどうかを、根気よく待ち続けるしかない。じつは、この「待ち続ける」というのが私は好きなのだ。小さな町の本屋の仕事の本質は、この愚鈍に「待ち続ける」という一点にこそあると思う。

本の神話学

数年前に、まだ池袋リブロにいらした頃の今泉正光さんという、とても書店人の敬愛を集めた方の、レクチャーを受ける機会があった。

「書店人としてのバイブルのような本はありますか?」と尋ねたら、『本の神話学』(山口昌男)

なんかぼくは好きだよ、とおっしゃった。たまたま自分の店にあったので、さっそく読んだ。

本屋の役割って、文化人類学的に見れば、「境界人」という面で職能を考えてみると面白いな、と感想を持った。むろん「本」という商品が、非近代的な「贈与論」の性格を強くもつからなのだろうが。

たまたま興奮する一章を見つけた。「個人ショップ」と「百貨店」の交代が、思想的に事件として語られていた。個人ショップでのシステムは、売り手と客の間に一定の人間関係（精神的繋がり）を前提としている。いわば農村的マーケットの商行為の延長上にあるのだ。百貨店には、質屋がそうであったように、全くいろいろな種類の品物が寄せ集められている。

ここでは「事物との馴れ合いからおのれを剝離」するという、近代化への離陸が完了している。つまり「商いの感覚」の変容が思想的に語られていたのだ。

「これは本屋と書店の構造的景観が一目瞭然に俯瞰されているぞ」ととても興奮した。書店と本屋の「職能」の違いのようなものを考える、大きなヒントだと思った。

アーカイックなものに還る

本屋は人から「運」がもたらされるのを待つ。書店は「自分の活動内容に対する完全な無関係性」によって、「全く完全に純商業的」となる。書店がビジネスへ往《い》く路なら、本屋はアーカイック（古拙）なものへ還る路なのだ。

私は本屋をきっかけにした交流を長く模索している。人との交わりはもともと苦手だが、読書会などの「本」をはさんでの交わりは好きなのだ。といっても、隅で黙って聞いてるだけですけどね。するとある時、「座敷わらしみたいだね」といわれた。

そうか、本屋って、本棚空間の座敷わらしかも知れないな、とうれしくなった。

本屋の学校

バトル・トーク

本屋の学校というものがある。普通の人は想像できるだろうか。自分でこう書いていても、不思議と言えば不思議だよな、という気がする。

先日、ある書店学校の新人研修講座に招かれた。耳目を引こうとしてか「バトル・トーク」と銘打たれていた。対論は目黒の恭文堂書店の田中淳一郎さんと、千駄木の往来堂書店の安藤哲也さん。コーディネーター兼司会が私の役割だった。

「えーと、何がバトルか、とご不審に思われる向きもあるかも知れませんが、ま、本屋に寄せる熱い思いがビシバシ飛び交う、とご理解いただけたらよいのではないでしょうか」と思いつきの口火を切った。二人は、それぞれの工夫や抱負、現状の捉え方を豊かに語った。

私の持ち味

私は二人のスタンスの違いから説明した。田中さんは本屋三代目。「生まれたときから本屋だった」というのが口ぐせ。須原屋という埼玉の書店で正規に二年修業し、そこから、「協業」という方法論を模索している。「一人一人の力は限界があるが、力を合わせてスケールメリットが築ける」という主張だ。

安藤さんは、店頭に意想をこらして、店造りのパフォーマンスがうまく、いま業界若手で売り出し中の書店の店長さん。とても個性豊かで、「アイデアと行動力で仕事のステージが高くできる」と、機会あるごとに語っている。二人とも、事細かに工夫し、競争を勝ち抜き、少しでも拡大しようと、実務的な意欲に燃えている。

私は、うーん、どうしても口を開くといつも人生論になってしまう。講座が始まる前にも、たぶんかみ合わないからゴメンね、と先回りして謝っておいた。でも、二人ともそのことはよく承知していて、「そこが奈良さんの持ち味だからいいんだよ」、ときちんと場所を用意してくれたので、少しホッとした。

「ぼくは本屋のおやじさん」

終盤ふと思いついて、会場に尋ねてみた。『ぼくは本屋のおやじさん』（晶文社）を読んだことのある人いますか、と。研修生には読んだ人はいなかった。いくぶんがっかりした。

この本は、「就職しないで生きるには」というシリーズの第一冊目で、とても長く読み続けられている本なのだ。このシリーズは、同じ題名のレイモンド・マンゴーの本をヒントにした、いわば「自営」のすすめの本なのだ。

マンゴーの『就職しないで生きるには』は、時代の青春のバイブルとして、とても熱いメッセージを放っている。マンゴーの青春は、カウンターカルチャーと呼ばれた対抗文化だった。青春のいろいろな「異議申し立て」から、どうやって生き延びていくかを模索する、試行錯誤の道のりの物語なのだ。

巨大産業やテクノロジーに関わることなく、自分の「身の丈」からはじめる道を探しつづける。一つの結論として、「自営」「小さな商い」という場所にたどり着く。

本屋修業

私は、本屋の仕事は本屋の人に手とり足とり教わった。といっても本屋に勤めたことはない。まず何よりも最初にあったのは、読者としての経験。書店には、毎日足を運んだ。古本屋も、目につけば、必ずのぞいた。本屋を開業しようと志してからは、その頃住んでいた、郊外駅ビルの書店の門をたたいた。自分で店長さんに会い、「勉強したい、でも、働いているので、勤めるわけにはいかない（文京区の郵便局に勤めていたのだ）、好きなときに来て、好きな時に帰っていいだろうか」、と一方的な希望を言った。いま思えば、それでよくめんどうを見てもらえたものだ。

最初の一週間は、五十坪ほどの店内の本を隅から隅までただ黙って整理整頓し、汚れた本をきれいにする作業を自発的に続けた。三日たった頃、パートの人がエプロンを探してきて、そっと渡してくれた。うれしかった。一週間を過ぎた頃、店長がはじめて声をかけてくれた、「返品作業やってみる？」と。

私の本屋の話は、結局出会った人との話になってしまう。

私の本屋論

「身一つ」「身の丈」で生きる。「本屋」というものが、そういう生き方の選択肢の一つであって欲しい。本屋はビジネスでなく、「生き方」なのだ。うーん、でもへんですよね、そういう独りよがりの言い方って。

人生のあるとき、立身して生きるか、それとも「自分らしく生きるか」の岐路に立つ。でも自分らしく生きるには才能がいる。芸術家なんかそうですよね。私は本が好きなだけで才能もない。でも好きな本からは遠ざかりたくない。そんな時、「本を商う」という選択肢があったことがとてもうれしい。

「小さな商い」はとてもビューティフルなものだ。ここが始まりで、ここが終わりという性質の、ささやかだが至福の場所なのだ。

本屋はビジネスではないのだ。一身を賭した生き方なのだ、と研修生に告げたかったのだが、すべもなかった。

本屋を歩く

私の「本屋論」はこうして、いつも人生論になってしまう。

本屋は多重人格

時々、私の性格って、根っから本屋向きだな、と思うことがある。引っ越し好き、部屋の模様替え好き、壁にベタベタとポスターを貼るのが好き、五分以上机に座っていられない。などなどの見苦しい性格が、こと本屋空間でならエンドレスに発揮できるのでワクワクする。

基本的にあきっぽいので、極端にいうと、昨日と今日が同じなのがガマンできないのだ。その点本は、毎日新顔と古顔が行き交うので、停滞感がなくてうれしい。

本屋空間は、隅々までオーラを発していないとダメだ。本が情報を醸《かも》し出していないすき間は、ポスター写真やイラストなどで何とかする。むろん天井からも、いろんな無意味なものがぶら下がっている。

本屋って多重人格がいいのかな、そんな気がしてきますね。店内をいろいろいじって、ある時ついにやることがなくなる。そんな時は外へ出る。遠くの本屋をたくさん歩き、私の目ではない、目の付け所と出合ってくるのだ。

青弓社の皆さんありがとう

七月は東京を歩いた。かけ足で本屋を歩きたいな、と話したのを覚えていてくれて、青弓社の方々がリストをつくってくれた。発想自在な青弓社のふんいきが好きで、日頃信頼してて呼吸はピッタシなのだ。

お勧めのリストは、矢野社長がジュンク堂書店池袋本店、野崎部長が阪急ブックファースト渋谷店、一押しで信愛書店、編集渡辺さんが表参道近くのナディッフ、営業加藤さんが青山ブックセンター本店、全員お勧めがヴィレッジヴァンガード下北沢店。

早朝東京駅に着いた私は、まず、辛口の野崎さんが、あえて一押しという信愛書店を西荻に訪ねた。時間は十分つぶしたつもりだったが、早すぎた。シャッターは半開だった。「あのー」と覗くと、荷ほどきの作業中。「急ぐの？」と声がかかった。「いえ、見るだけに来たのですが……」。結局わざわざ鳥取から見学にきたということで、入れてもらえた。

信愛書店はすごかった。あ、やっぱり青弓社好みだなと、こころ騒いだ。風俗あり現代思想あり、いま押さえるべき新刊への目利きも鋭く、小さな空間を無駄なく弾みのあるものに仕上げてあった。うーん、かなり自分の「本」に対する考えを、シャッフルさせられた。

なんとも怪しいぞ

ついでに南阿佐ヶ谷にまわり、書原杉並店へ立ち寄った。ずい分前に鈴木書店の井狩春男さん（私の師匠）のお勧めで行ったことがある。全く変わっていないのがうれしかった。ここはリセットということがない店なのだろう。古い良書の堆積層という感じだ。面白いのが、ふと新刊がその中に輝き、まわりの本まで意味ありげに押し出し、量を質に転化させてて、圧倒された。私はあまりに整然と棚をつくりすぎてるのかな、とあやうく自信を喪失しそうになった。

表参道の青山ブックセンター本店は、たどり着くまでワクワクしどおしだった。あ、まるで出雲大社（な、なぜだ！）に参詣してるみたいだと、ときめいた。とてもよかった。気が付いたら二時間も過ぎていた。本も書棚もここではみんな空間デザインの素材だとクラクラした。棚の分野が個別的に別々の人を待っているのでなく、トータルに一人の読者のすべての欲望に放たれているようで、それは独特な魅力に他ならなかった。

下北沢は、青弓社全員お勧めのヴィレッジヴァンガード。日曜の昼過ぎとあって、すごい混雑。「エーッ、ここお化け屋敷なのっ」と、お父さんに手を引かれた幼児が叫んでいた。私が、中央のコーナーで魅入《みい》られたように物色していたら、ちょっと前まで下北沢の住人だった同行者が、「いい嗅覚しているね、そこがいちばん怪しいんだ」と笑っていた。ここでは本は並べてあるのでなく、転がっているのだった。うーん、本は雑貨だったのかー、と心の中に青空が広がった。

ホリスティックな本屋

本屋を見るって、何なの、とよく聞かれる。逆にみんなはどんなふうに見るの、と聞いてみたい。こういうスタンスではじまる話はとても好きだ。

出版社の人が訪ねて来て、こういう話に方向が脱線しはじめると、「あ、立ち話はもったいないから、喫茶店でお茶しましょうよ」と、つい引きとめてしまう。

私は本屋なので、書店めぐりをたのしむという時、少し違う。出版社の人はあんがいコレクションの構成として棚を見がちだ。もう少し積極的な人は、書店人の人柄とか意気込みを評価する。

本屋の仕事はつみ重ねのきくものだ。人がいいという書店をたくさん見て、一つ、二つと良いところをうまくとり入れ蓄積していく。だから私は、本屋の工夫を仕入れに行くのだ。というと何かすごい、いつも仕事してるみたいだけど、単に本屋好きというだけ。

ただ、いい店というとき、いい棚づくりしている、ということのほかに、なんとなく気になるのは棚の能力というものかな。出版社の人は、一つの本屋の棚をしょっちゅう見るわけでないので、品揃えとか展示の仕方で印象を決める。でも考えてみれば読者は毎日のように棚を見にくる。ここで何かが、でも大事な何かが少し違う。

棚はやっぱり呼吸していると思う。いつも変化している。昨日と今日が同じでないのが棚の楽しさだ。もちろん、ロングセラーというものもあるが、それも周囲の本たちが入れ替わりすることで、意味あいを変えいっそう輝く。

動く棚か動かない棚かは、一目見れば私にはわかる。単品で本を見ればわかるのだ。汚れようと売れるまでここを動けない本と、きれいな本と入れ替えができるかどうかもわかる。書店の人の仕事の能力までが棚から見えてくる。

でも、すべては読者が決めることだから、そんな深読みからはすぐに目覚め、また読者の視線に帰る。

ある人が、「本屋の中で長くぶらぶらできるのが、とても意味あることだ、そのひと時が文化なのだ」といっていた。本屋とはホリスティックなものなのだ。なにかわからないがなんとなく、居心地のいいところなのですよね。

なぜ人文書なのか

本の周辺

先日、朝日新聞大阪本社の鈴木さんという学芸部の方から、取材したいけど、訪ねてもいいか、という電話があった。「エーッ、どういうことなんですか?」と問い返したら、『街の本屋は眠らない』と『物語のある本屋』(共にアルメディア)と『書店の大活用術』(毎日ムック)の紹介を見て、地方で人文書に力を入れている、ということで、ちょっと面白いかな、と思ったものだから、という返事だった。それにミニコミを出したりしてるようですしね、とも。

最近はじまった連載企画で、「本の周辺」というコーナーでの紹介という話だった。お会いして喫茶店で話をうかがった時、手元の法藏館を紹介した回の記事を見せて下さった。「あ、法藏館、好きですよ」と思わず口に出た。学究的な宗教書を出すかたわら、季刊『仏教』という思想誌を出しているのがユニークなのだ。森岡正博さんの生命学を代表に社会学的な切り口を前面に押し出した姿勢は、本来の宗教書のスタンスの枠をぐーっとはみ出している。

あ、そうか、はみ出したところにこの企画は関心を持ってるんだな、と思った。なりわいをきちんとこなして、もう一つ背伸びして何かを付け加えざるをえない、一見余計な、無駄な力み方が好きなんだな、ととても興味をもった。

そんな話題であちこち脱線して、五時間ほども話がはずんだ。

人文書が好きな町

なぜ人文書なんですか、とはよく聞かれる。うーん、町のたたずまいかな、と答える。

鳥取市は人口十四万ほどの小さな町だが、県庁所在地。県庁から駅まで一・五キロほど商店街がつづき、定有堂書店は中ほどにある。県庁があるところには、必ず各新聞社の支局があり、NHKなどの放送局もある。

一九八〇年に本屋を開業しようとした時、最初に親しくなったのは、タウン誌の若い仲間たちだった。二十代後半の県庁の職員や、新聞社の記者の人たちが、同好会ふうにつくっていたのだ。地方の支局が初任地教育としての配属拠点だということもはじめて知った。仕事の余力を、さらに何かで発揮しようとする人たちが、たくさんいたのだ。

最初の客はそういう人たちだった。配達先も支局、放送局、県庁だった。朝日の記者の人は、「本好きの青年が、本屋をはじめた」という調子の、好意的な記事まで書いてくれた。

私は、本屋を開けるだけで十分満足感にひたっていたので、品揃えもごく普通に取次に頼り切っていた。日販の人とはとても呼吸が合ったのだ。新聞を読んだお客さんに、「本好きっていうわりには、本がないね」と言われて、はじめて「エッ！」と思った。

「どんな本があるといいんでしょうね」と尋ねるところから、それからの定有堂がはじまったのだ。

本当の本好きの人たちがたくさん訪ねてきてくれた。取り寄せの注文によって、深い本の世界を教えてもらった。読者の書斎のエッセンスが、店頭に蓄積されていくようで面白かった。それは人文書といっていいような本が主流だった。

町の本屋って、そんなふうに個性を身につけ、所を得ていくのだな、と知った。

人に教わる

店の固定客も、なじむと、いろいろ他の本屋の仕事ぶりまで教えてくれる。店頭でツケで買っていくというのも初めて知った。昼休みにサーッと来て、数冊選んでスリップだけ置いて行くのだ。後でゆっくり台帳に控えればいいというわけだ。なるほどな、と思った。

すぐ近くに県立高校があり、昼休みに、先生たちの休憩室に本を持ってきたら、と声もかかった。「エーッ、そんなことができるんですか？」他の本屋さんがしてるからいいんじゃないの、ということだった。

休憩室のテーブルに、本の背を箱にそろえたまま、数箱ドーンと並べる。先生たちは、本を手にして議論をはじめる。ディープな読書家の人たちが、惜しげもなく自分の知識を交換し合うのだから、それはとてもワクワクする光景だった。百人くらいいる先生たちが入れ替わり立ち替わり、自分の本の世界を垣間見せてくれるのだから、とても勉強になる。

「この本、知ってますか？」と聞かれ、「あ、いえ……」と躊躇すると、すげなく、「あ、そう、いやいいです」と去って行かれる先生もいて、真剣勝負の気配すら漂っていた。

そうした外回りは、日に二時間くらいだろうか。職員室、県庁、新聞社、放送局と、半径八百メートルくらいが、私の、本と人との出会いの舞台だった。昼に、人を訪ねて回り、夜には、そんな人が本屋へ本を訪ねて来てくれた。夜十一時くらいまで店は開いていたからだ。

本のネットワーク

職員室では、他の本屋の伝説も聞かされた。すでにもう現役ではなかったのだけれども、神様のような人もいた。朝、先生が新聞などを見て、「あ、この本出てたのか、読みたいな」と思っていると、昼頃には机の上に、見計らいでその本が置かれているのだという。月々の本代予算も把握していて、今月ゆとりがありそうだから、こんな機会にこの事典を買っといたらどうですか、と持ってくるらしい。絶妙のタイミングに、つい納得せざるを得ないのだそうだ。

面白い日本史の先生がいて、歴史の本は、その古くから出入りしてる外商中心のお店から買うけど、現代思想の本は定有堂から買う、と決めている人がいた。先生だから、まず本屋を自分のためだけに教育するのだ。職員室で顔を合わせると、自分が読んでいる本がなぜいま面白いか説明してくれる（むろん、よその本屋で買った本だ）。そして、こういう方向の本があったら、机に置いといてというのだ。

今村仁司、丸山圭三郎、木村敏、湯浅泰雄など多彩な才能に鋭敏だった。歴史は「資料」との出会いだが、その生かし方には「思想」を必要とする、という考えだ。こんなとてつもないレクチャーを、私だけが受けるのはもったいないな、と思っていたら、毎日新聞の支局に、前任地は金沢だったんだけど、岩波新書を読む会というのがあって取材した、そういう会いいよね、という記者の人がいた。お、と手をたたいて、この先生を講師に、いっきに始めることになった。

本屋をやっていると、町の中が本のネットワークで動いているような気になる。もちろん、そんなはずはないのだが、でも、私にはそんなふうに思えてならない。

鳥取という町のたたずまいが、そんな気にさせるのだろうか。

本屋ですから

京阪ぶらり

八月は、大阪摂津にある日販の西日本流通センターに、車で行った。早朝六時ころ鳥取を出ると、大阪には九時過ぎに着く。中国山地をゆるやかに登り、そのまま高速を東へ走る。走ること自体が好きなので、もう休暇同然だ。

でも仕入れにはじっくり時間をかける。ケイタイで店の在庫を確認しながら地道に行う。その後、千里丘というところに車を預け、ＪＲで京都に向かう。

一時間弱で北大路の大垣書店に着く。部長の平野篤さんと昼食をご一緒して、いろいろ教わる。鍾馗《しょうき》さまのようなヒゲをはやして個性豊かな人だ。「小さな本屋の工夫にヒントが多いよ」という話が印象深く残る。これから銀閣寺近くの「リーブル銀閣寺店」という、三十坪ほどのお店を訪ねようとしていたからだ。

リーブルの植田善昭さんは、春に鳥取まで訪ねて下さって、品揃えのシフトを人文書に切り替えるんだと言っていた。ただでさえ本離れの時代に逆行するようにも思えたが、機が熟するものがあるようだ。

すでに半分の棚が人文書で占められていた。「これからは、本や本屋が好きな人に来てもらうんだ」と、棚のメリハリを説明してくれた。知識豊富なその目配りにはビックリした。

「すごい意気込みですね、それに二十四時間営業なんですか！」と感心していると、「いえ、なに、ほら本屋ですからね」と軽くおっしゃった。

本屋って、過激だな。本を商うことと、自分を生き抜くこととの間に、なぜか皆垣根がないと思えるのだった。

「読む会」棚

鳥取に帰って、「よし、私も本気でやるぞ」と心に誓った。けっこう熱しやすいのだ。で、何をやろうかな、と考えて、一つ思いついた。メッセージ性のある棚をつくろう、と。

定有堂ではもう十年くらい、人文書の読書会を続けている。高校の先生やお医者さんなどが中心で、レベルは高い。この十年の読書リストを整理して、主たるテーマや著作を中心に棚づくりしよう、と考えたのだ。

自分では「読む会棚」と呼んでみている。まず、この読む会の視点でおおまかに網を張る。次に、売れ始めたテーマや著者を毎日チェックして、動きはじめたところを、すぐふくらませる。「読む会」の最近の関心は、「国民国家論」にはじまり、「ディアスポラ（離散）」とか「カルチュラル・スタディーズ」へ進もうとしている。

うん、これは面白いな、と楽しみながら棚をつくってみた。で、どんどん売れるかな、と思っていたが、そうでもない。ま、コーナーをつくったからといって、右から左に売れるはずもない。熟成するのに時間がかかる。それはそれで、これから結果の出ることだが、一つアレッ、と思った。

前に「猫の本」フェアをやった時、すぐ売れ始めたよな、ということを思い出したのだ。「なんで猫の本なの？」と聞かれ、思いつきで、「あ、だって、本が好きな人って猫が好きじゃないですか」と答えると、皆簡単に納得していた。しかも、『毎日新聞』の地域版にまでとり上げていただいた。

熱意は熱意で続いているけど、ちょっと考えるものがあった。

主題ときっかけ

そんなこんなで過ごしていて、ふと思い出した。本屋は一歩引いたところでする仕事だ、ということをだ。自分が先頭に出ると何も見えない。後から見ているから見えるのだ。

本屋で読書会などはじめる時、最初に考えるのが、「主題」と「きっかけ」ということだ。本を読む会だったら、どんなテーマを課題にするか、とまず決める。次に、どんな人たちが集まるかをみて、具体的に本を選ぶ。

前に心理学のサークルをやっていて、これはとてもうまく行ったのだが、キャッチフレーズは、「心理学でおともだち」だった。主題が心理学で、きっかけは仲間づくりだった。本屋のメッセージ性の強いコーナーづくりだと、あんがい主題に閉じこもりがちなのかも。一方フェアだと、タイムリーな着眼からスタートするので、多種多様なきっかけをはじめから豊かに持っている。「あ、必ずしも本気になるって、いいわけでもないんだな」と思った。

バランスの大切さ

本屋という仕事が好きなのは、いつもいい「バランス」の中に引き戻してくれる、ということだ。本屋は「本」の流通の一番周縁で営まれる。周縁には「人」がいる。人と人の間でしか成り立たない仕事だ。

流通のもう一つ隣には、取次という仕事もある。定有堂の本は日販からくる。担当の人は、月に二回岡山から足を運んでくれる。いまは小柳さんという人だ。岡山支店では、パートのおばさんたちに、「コヤピー」と呼ばれて愛されているらしい。私と同じ九州の産で福岡の人だ。帰省のたびに、「辛子高菜《からし》」を買ってきてくれる。これには涙腺がいつも弛《ゆる》む。

「小柳さん、うちの棚で欠けてるの何だろう?」と水を向けてみたら、少し考えて、「うーん、どうでもいい本かな」と答える。

「へー、具体的にどうすればいいの?」「品揃えは自分のキャリアでつくるから、ま、どうしょうもないだろうけど、ただ無関係に、さりげなく違うチャンネルも持ってみたら」という。もう一歩つめ寄ってたずねると、「試しに、講談社の＋α文庫なんかどう? ただし、面出しでね」

これはすぐに実行した。三十点ほどを選んであちこちに転がした。「雑学の本」とか「家の間取り」とか「読めそうで読めない漢字」とか。「聖書物語」もあった。これはついでに買われるのだ。へー、と思った。小柳さん、さすが取次人だな、と少し尊敬してしまった。

この文庫の主張に目を通したら、わざわざ探しにくる人はいない、でも、つい買ってしまう。読者が出会った時が新刊。この二つのようだ。なるほど、どうでもいい本だよな、と思った。「主題」は探すが、「きっかけ」は逆に向こうからとび込んでくる。

本屋の仕事は、いつも自分を試してくれる。自分の思いをせいいっぱいぶつけると、人と人との間で、いいバランスをこね上げて返してくれる。結局、人に聞くのが一番、というのが本屋の店頭の真実のようですね。

希望

素顔な感じ

「青空」って、気に入ってよく使う言葉の一つだけど、なんでしょうね。「本屋の青空」っていい言葉ですよね、とよくいわれる。うーん、肯定的な感じがにじんでていいのかな、と自分でも思う。

後ろから気持ちを押してくれる言葉だ。といって何があるというものでもないが、でも青空がある、という気持ちで、じわじわうれしくなる。焼け跡で見る青空、もちろん私が戦後のそんな風景を見たわけではないのだが、そこからいつでもやり直せるような「希望」、だろうか。焼け跡で失われるのは建造物。残るのは大地。構築物をとりのぞけば残るのは古層、アーカイックな古拙で純朴な飾りけのないもの。なにか、そんな素顔の感じが、青空っぽくていいな、と思う。本屋と青空、そんなことをいつも考える。

図書館のこと

私は図書館が好きだ。若い頃から読者として喫茶店と図書館は居心地よくて大好きだったのだが、でも、いま好きだというのはそうではなく、本屋としての話だ。

本屋は犬猫と同じで、あれっ、変なたとえになってきたけど、人につくのと建物につくタイプがある。私は犬型だろうか、人につく傾向がある。

で、近くに県立図書館がある。建物もいいけど、働いている人たちが好きだ。最初の付き合いは、定有堂がわりと好みで人文書を並べていたので、二週間置きくらいに「見計らい」で持ち込んでもいいよ、と声をかけられたことから始まった。もちろん私の店だけのことではない。

えー、面白いな、と思っていたら、「町の中の本屋がなるべく背伸びしていい本を揃えたら、町の中の人たちがいい本に出合う機会が増える。でも、いい本がいい出合いに到らず売れ残るかも知れない。そんな本はなるべく図書館で買う」ということだった。後で知った。

司書の人も、毎日町中の本屋を自分の昼休みに歩き回る。見落としそうな本を押さえるのだ。うーん、とてもすばらしいとうれしくなった。他の司書だが、ある時、購入金額の仕切りの関係で、「あ、悪いけど、百四十五円ほど負けてくれない?」といわれた。二十万くらいの仕切りの端数だったと思う。「ええ、もちろん」と答えたのだが、「じゃ、代わりにこれあげる」と言って同額の入った封筒をくれた。机の引き出しに小銭を入れてある中からくれたのが、すぐわかった。つまり自分の金だったのだ。

またある時、館長さんが代わった。館長さんは雲の上の人という気持ちがあったので、挨拶も思いつかずにいたら、館長さんが自分で市内の本屋をたずねて、「ぼく、今度館長になったけど、一緒にいい本集めようね」と声をかけて回られた。その前まで隣の市で校長だった人と聞いてびっくりした。

そんなこんなで、県立図書館の収書事務室は、「本」や本屋の道場だと思うようになった。本当に選書に必死な図書館なのだ。

こんなことを思うたびに、町の中にも青空がある、という気持ちになる。

教わったこと

定有堂に、人文書の読書会があるのだが、講師は「本」以外に欲のない高校の先生で、市井の本好きで終わる、と思っていたら、前記の人の次の館長さんになった。本当に本好きの人が館長になるんだな、と再びびっくりした（在職中に急逝。昔の話だ）。

私は、この読書会ではいつもただ聞くだけの門前の小僧だったのだが、ほんの数回報告者に指名されたことがある。何せ先生なので、ただ本を選ぶだけでなく、報告当番になる人に適切なテーマの本を探し出して指名していたのだ。最近、棚づくりの参考に記録に目を通していてそのことに気づいた。私は『「欲望」と資本主義』（佐伯啓思）や『ヴェニスの商人の資本論』（岩井克人）をすすめられていた。

地域で

それからずいぶん年月もたったのだが、最近ふと自分のこだわりがここにあることに気付いた。例えば、「書店」でなく「町の本屋」とかいうこだわりだ。

これらの本に書かれている内容は、おおざっぱにいえば、純粋な貨幣経済は、共同体（地域）と共同体（地域）のあいだの関係だということだ。共同体の内部ではもっとゲマインシャフト的、古代古層的な、つまり仲間どうしの意識が大切にされる、ということが強調されている。地域の外部へ出ることによって貨幣は純粋に躍動して、資本へと成長する。

あ、ややこしくてごめんなさいね。この前、書店人を養成する学校を準備している事務局の方に、「しかし書店人の職能って何だろうね、そんなもの実際あるんだろうか」と尋ねられた。うーん、あるのかな、とその時は思ったけど、考えてみれば、「本屋」なら、こういう地域の内部へ向かって仕事をすると意識することに、職能の一義があると思う。地域の内部に向かえば、人の仕事はていねいになる。

町の本屋としての私は、本を読む人が好きだから、本を売ることが楽しい。そう思うことがすでに「内部」に生きることを喜びとして選択していると思う。「本」は人を親密にするのだ。なぜか「本」は特別ですよね。本が好きという人間の古層に根ざした内部的な商品だからだと思う。「本」自体が、人と人、地域と地域を触れ合わせる「媒介者」（トリックスター）なのだ。そんなことを、講師の濱崎洋三先生は私に教えようとしたのではないだろうか。

人が本を読み、生を営み、人生が幻だったと思う逆境にあっても、やはり手元に「本」がある。本屋の青空とは、そんな「本」たちとともにあることの喜びだと思う。

本屋の源泉

ペルー料理

大阪梅田のペルー料理店に、甲川正文堂の甲川純一さんを中心に大阪、京都、奈良などの本屋仲間の集いがあり、混ぜてもらった。

本屋が集まると、一種独特に親密な雰囲気が漂い、私はとても好きだ。身の丈の周りに面白いアイデアを見出し、披瀝《ひれき》しながら、一緒に何かをするのが楽しい、と考える人たちだからだ。甲川さんが常々、本屋とパソコンというテーマで工夫を磨いている人なので、集まる人も自ずとディープな人となる。

ホームページ創設の話なども話題に上る。えーっ、と思わず叫んでしまったのは、皆ウィンドウズ使いだと知ったからだ。「甲川さん、マックだったよね」と詰め寄ると、「ゴメン、じつは両方使いなんだ」

「ホントはマックがさわやかだけどね」と、皆うつむき気味にいうので、少し座がシーンとした。

グローバルスタンダード

うちのお客さんに博物館に勤める人がいるが、職場を訪ねたとき、「君、マックだろう」と見抜かれた。「え、な、なんでわかるんですか？」「店の棚を見ればわかるよ」と誇らしげに一笑に付された。

マックが偏愛されるのは、個人使いに優れる、という点だろうか。一度とことんシンプルにカスタマイズし尽くして、自分だけに必要な世界を残し、そこから一般作業へ浮上する、という道筋に「さわやかさ」がある。

定有堂の教室に「シネクラブ」という会がある。いまの講師（NHKの制作の人で転勤ごとにリレーしてくれ七人目）が、アメリカでハリウッド映画の勉強をしてきた人で、ハリウッドものばかりをとり上げる。移民の国なので、雑多な人種で言語的にもあいまいな、大多数の人たちに、一挙に感動を与える、これが大事ですよ、と口ぐせのようにいう。

うーん、グローバルスタンダードの拠って立つ原点だよな、と感銘を受ける。で、このところ二十人ほどに、使ってるパソコンなーに？　と聞いた。ほとんど富士通だった。しかも理由は「なんとなく」。町の本屋としてこれではいかん、と思った。十一月にちょうどおばあさんが亡くなり、通帳に少し現金が残っていたのを譲り受け、さっそく富士通のノートパソコンを購入した。

「性愛」書店

梅田の集いから帰って三日目に、知り合った坂井真一さんが鳥取に訪ねてきた。これから本屋を始めようと準備中なのだ（マックから富士通に転向したばかりでもある）。

連れ合いの美しい女性と一緒で、二匹の猫と静かに暮らす人たちだ。持参されたノートパソコンは、開くとキキと何とかという二匹の猫が愛らしく微笑《ほほえ》んでいた。

本屋を開くのに、とてもカスタマイズされたアイデアを温めているのだ。（なにせこの前までマック使いですからね）「性愛」の専門書店（！）を構想しているという。ちゃんともうリストも完成していて、いただいた。定有堂のディープな読者に後で見せたけど、「いけるね」だった。

私は、一般的な話をした。「本屋」をどう考え、どう営んでいるか、の話だ。

（1）まず、いつも受け身でいること。いい反響板でありたい。なにせ「人の好み」を扱う仕事ですからね。（2）リアリティとアクチュアリティという軽いフットワークの考え方も述べた。

例えば、本屋は一見して、この本が売れるか売れないかが（だいたい）わかる。リアリティ（造る側の主観性）は強いけど、アクチュアリティ（読者との共感性）が虚弱だな、売れないよなとか。（3）仕事の姿勢としては「一点突破全面展開」。本屋は小さいからいつも総力戦。といって無理するのでなく、仕事をいつも身の丈にとどめる。そして、何が一番肝要かを見定めてそこにシフトを切り替える。（4）以上をつづめて一言にすれば、いいバランス感覚を保てるような精神のコンディションを定位置とする。

そんな楽しい会話のキャッチボールを、昼から夜まで延々と交わし続けたのだった。

源泉素材

バランス感覚といえば、編書房の國岡克知子さんには、「そんなに気配りしてて、大変ね」と気遣っていただいたことがある。

國岡さんの仕事の立脚点は「独立自営」。私は身の丈をたつきとする町の本屋。とても共感した想いを抱く。互いに仕事も自分の目利きを足場とすることが多い。ところで目利きと「受け身」というのは、同じことのように思える。あ、これは私の個性の中心核かも知れませんね。「自分」がじゃまをしなければ、いいものに出会える、という変なトラウマが私のキャラクターなのだ。

先日、家人が料理番組で、ゲンセン素材で勝負する、というのがあるよ、と教えてくれた。私はとっさに、ひらめくものがあり、「源泉素材か！　それだよね」と感動した。が、じつは「厳選」の方だった。

私は本を選ぶより、本を並べる方が好きな人間だ。言ってることがヘンだけど、「自分がじゃま」しないで、本に処を得させたいというロマンチックな気持ちが強い。「厳選」よりも「源泉」に出合いたい。あ、またまたわかりにくい話になってしまいましたね。

ウィンドウズを駆使して、いろいろ企てようと模索している。本屋の源泉って、ミニコミだよな、とかってに短絡してもいる。

うーん、ペルー料理店の出会いが新しい年を切り開くぞ、とワクワクするのだった。

スタンダードとカスタマイズ

國岡さんのこと

前回、本屋は一見して、この本が売れるか売れないかが（だいたい）わかる、と書いた。リアリティとアクチュアリティのバランスが読めるからだ。

いつも一番最初に原稿を読んで下さる國岡克知子さんから、「じゃあ、今度私のつくった本、やっぱりダメなのね、トホホ」というメールを速攻でいただいた。

私は出版人としての國岡さんのファンなので、どーっと売れるとは思わないけど、でも國岡さんの仕事にとても魅かれるな、と深く考えるものがあった。『ユング心理学から見た結婚・離婚』（秋山さと子・増本敏子）という本だ。

國岡さんは、もと『週刊新刊全点案内』という図書館向け情報誌の編集長で、とくにエッセイ・コーナーの編集がばつぐんで、目を見開かせるものがあった。図書館流通センターがつくっている雑誌で、けっこう町の本屋とは仕事上せり合うものがあるのだが、このコーナー故にファンになってしまう人も多かった。

その國岡さんが独立して「編書房」をつくったのだから、「うわー、すごいですね」とファンレターを送った。國岡さんは、「一人出版社なんですよ」と返事を下さった。何かこの一言で、すべてがわかるような気がした。

聖炭焼人

國岡さんは、なぜ、自分で一からはじめねばならないのだろう。たぶん「独立自営」に夢があるんだと思う。それは一からはじめることの正しさだ。

一からはじめるって、とても魅力的ですよね。そういえば、年明けにいただいたカードに、すてきなメッセージがあった。編集の会社「オーエムツー」の武藤義行さんで、いつも自作コントをカードにされていて、今年は「聖炭焼人との対話」だった。

「自分のことを考えるだけでは、何も変えられんよ。私は人の心をつかむきっかけを求めるようになった。ここで見つけた炭がそれかもしれないと思ったわけさ」「炭を使ってくれる人と話すだけさ」。世捨て人の炭焼人との山中遭遇ばなしだ。

「本」と「炭」って、一緒だよな、と思った。仕事っていろいろ大変だけど、「本」をつくったり売ったりするのだったら、少なくとも「本好き」とのつき合いだけだから、一からはじめる世界としては、すばらしいものがここにはある。一からはじめて人と出会う。しかも「本」を手渡し合うことによって。

人の心に本を届ける

「本」といっても、私は本屋だから、本を売るという具体的な現場のことでしかわからない。

この現場がすばらしいのは、カスタマイズ（個人仕様）とスタンダード（一般仕様）のせめぎ合う場所だからだ。

読書にひたっていると、人間の本当の仕事は、「自分自身の人生を生き抜くこと」だよな、という気持ちが強くなってくる。亡命ロシアのある詩人（ブロツキイ）の本を読んでいたら、読書は「生を拡張し、遠くを見ることの訓練」とあった。言葉は「生の拡張」のための強力な加速器、と説くすてきな人だ。

読書は世界を、自分自身の身の丈にカスタマイズする。この自在な場所から、スタンダードな世界に働きかける。

その通りだが、そんな場所って、現実にあるのだろうか。どうでしょうね。でも一番オリジンな場所として「本」をつくったり、「本」を売ったりする場所があるような気がしますね。

棚の仕様は、自分の好みに組み立て自在だが、自在に選んで買ってもらうという、本当の目的を忘れなければ、本を並べるという一見カスタマイズな行為が、きちんと現実に根を下ろしていることに気づく。それは人の心に届いたという確信でもあるわけだ。

受け身

國岡さんの「一人出版社」という言葉に啓発されて、いろいろ想いをめぐらしたのだけど、本屋の私は、「身の丈」「受け身」という言葉につつまれて生きている。

なぜ「受け身」かというと、買ってもらわないと本屋の仕事は成立しないし、だから「人の心にとどく」ということに敏感になる。

そんな気配りは、私の性格に合っていてとても好きなのだが、ふと、もう一つのことに気づいた。なぜ「受け身」からはじめようとするのか。それは、たいして力がないのに、力以上のことをしたい、と意欲しているからではないだろうか。

実力以上の多くを望むとき、自然な姿勢として、「受け身」に身を据えるものかも知れませんよね。

京都書店研修会へいく

設計思想

　この連載のおかげで、いろんな本屋さんと親しくなれた。大阪の甲川正文堂の甲川さん、そのお友だちで、京都伏見の向島書店の辻本さん、リーブル銀閣寺店の植田さん、奈良の庫書房の庫本さん、神戸のチャンネルハウスの川辺さん。本屋の仕事が好きな人たちの間にネットワークが自然に生まれていることも知った。辻本さんから、京都の書店会館へ話に来ませんか、と誘いを受けた。

　本屋さんとお友だちになれるよ、という誘惑で、後先も考えず「はい」と応じてしまった。甲川さんから後で「何を話すの？」と尋ねられ、「うん、設計思想かな」とふと口をついて出た。

本のネットワーク

　私が話すことはいつも一つ。「町の本屋」とその「物語」。だから「町の本屋を考える」というシンプルなテーマを選んだ。

町の本屋は、普通の本屋。ある意味で自然発生。自然というのは、「往来」抜きに成立しないということ。往来には人がうず巻く。この人の流れと相《あ》い渉《わた》るところにしか、この仕事は成立しない。これが町の本屋のすべて。

あとは人と人との出会いに物語が生まれる。本屋である私にも当然物語はある。それはまずいくらか生活を体験して後、三十くらいで店をはじめたことだ。なぜ本屋になったか。本が好きだったから。あたり前だけど、私は本が好きだったから、他の仕事がつまらなかった。いやなことに身が入らなければ、好きなことをするしかない。好きなことといえば、日がな一日本と暮らすこと、本を間に置いて人と付き合うこと。となれば本屋しかない。本が好きなら本屋になれるか。そうとは限らない。だから、ここには「物語」がある。

読者にも同じように物語がある。本は好きだけど、他のことはめんどうだな。でも本があるから、なんとか日々楽しく生きていけるな、そんな人たちもこの雑踏には多くいる。

みんないろんな日常がある。本だけで生きているわけではない。でも本屋を介しての付き合いは、本だけの世界。だから私には町の人たちとの関係が、町中本のネットワークで動いているように見える。

この「本のネットワーク」という「あいまい」なあわいに、町の本屋の息づき活きられる場所があるような気がする。

開放系

例えば八〇年代加速度的に群生した『本の雑誌』の支持者、最近なら『ダ・ヴィンチ』、あるいはあまり知られていないかもしれないけど、「書皮友好協会」という本屋のカバーを蒐集《しゆうしゆう》して親睦する人たち。『本とコンピュータ』の世界もそうだ。送り手と受け手の境界が「あいまい」なのだ。往来にある町の本屋は、こんな人たちと出会えるならきっと楽しい。

この「あわい」が開放系。ちょうど読んでいた本に出ていたのだ。開放系というのは、生命体が典型らしく、外部からエネルギーを取り込んだり、別の形にして放出したりする。町の本屋ってこれだよな、と思った。

小の美

翌日は、茨木近くに住む柳父章《やなぶ》さんという私の先生を交えて四、五人で寺めぐりなどに興じた。柳父さんは翻訳論が専門で、雑誌『定有』の主筆。近頃自分でホームページを作成されているので、レクチャーを受けた。じつは私も作ろうとしているので、早急に知識を必要としていたのだ。最後に、とても本屋仲間の畏敬の念を集める寺町の小さな本屋に立ち寄った。ここの棚に接するといつも元気が湧いてくる。帰りの車内で読もうと一冊選んだ。

赤瀬川原平の『千利休・無言の前衛』（岩波新書）。鳥取までの三時間、ちょうど読み終えた。私はなぜ、「町の本屋」という場所で考えるのだろう。大きな書店の人たちと付き合うようになって、自分の場所を知った。なぜ書店の人が「本屋はいいね」、というのだろうと思うところから考えが始まった。利休は、拡大する中華思想という広がる波紋との接触反応によって、みずからに備わった小の美をはじめて意識していく。それが一坪にきわまる待庵の茶室だったのだ。「待庵」と「本屋」。うーん、やっぱり京都ってスゴイな、と脈絡もなく感動にひたってしまった。

ランボオ

「ミニコミ」でお友だちになる、という私の日頃の方針通り、さっそく話した内容を十部限定で小冊子にして送った。御池の紀伊國屋書店の寒川さんや、兵庫県相生市の香山書店さんなどにだ。

そういえば、私は文学青年だったので、ランボオが大好きだった。二次会の雑談会で思わず「うわー」と喜んだのだが、「ブックスランボー」（京都）さんという本屋さんがいたのだ。これこそ本屋だと思った。伝票にも肖像が入れてあった。私がランボオ好きなので、鳥取の本好き仲間は『地獄の季節』のフランス語朗読テープをくれたことがある。さっそく私はダビングを送った。ブックスランボーの堀江さんは、お返しに中原中也のを送ってあげるね、と便りをくれた。ランボオは詩を捨て商人になったのだけど、堀江さんも何かを捨てたの？　と聞くのを忘れた。

京都に行ってよかったな、と思った。ここから、何かが始まる予感が強くする。

永六輔さんトーク＆サインの会顛末記

京都で「集合」

「書店に人を集めよう」「永六輔さん各地で奮闘」と、巡回サイン会の話題が耳目をひいたのは、二月二十九日付『朝日新聞』の日曜読者欄だった。「町の本屋ガンバレ」と永さんが応援にかけつける、というのだ。

この記事の少し前、岩波書店編集部の井上一夫さんから、「永さんが小さい本屋に行きたがってるよ」と聞いた。二月十八日に京都で星野渉氏（文化通信社）の「出版流通の流れを変えるEDI」（勁版会）という講演を聴きにいく予定があると話したら、「じゃあ夜集合しよう」ということになった。「集合」というのは、井上さんは京都の大垣書店の平野篤さんの親友で、いつか三人して飲もうねともくろんでいたからだ。

で、夜の「集合」は丹後から井上さんの旧友（役所の人）も駆けつけ、四人で盛り上がった。いま、本屋は大変だね、という話題だったのだが……。翌朝ホテルで朝食をとっていたら、「今日永さん神戸でサイン会だけど、行ったら？」と井上さん。行って頼んでみたら、ということなのだ。すぐその足で元町へ向かった。

文化だよな

サイン会は海文堂書店という大きな書店だった。列に並んで、自分の番がきたとき、鳥取から来たこと、小さな本屋で、サイン会に来て欲しいことを口早に言って、じっと顔を見つめた。大きな顔だった。もう一押しと、永さんの手をグッと握った。「うっとうしいことをするやつだ」と思われたかも知れないけど、他にどうしていいかわからなかった。

しばらくして、岩波書店からOKの返事がきた。「おまけ」なので、夜八時半からという変則的な時間枠だ。でもこの後に予定はないですよ、という含みもあった。

六時をすぎたらシャッターの閉まる商店街なのに、どうなるのだろうと不安だった。新聞で紹介してもらうしかない。でもどうしよう。最初に浮かんだのは、よく町を歩いてるのを見かける朝日新聞社の支局長さんの顔だった。この不安と、永さんに来てもらう喜びを理解してもらえるかもと思ったのだ。最近は町を歩く記者の人も少ない。そういえばこの人（安村さん）は、通りの喫茶店で私がこの編書房の連載を書いていた時、ガラスをがりがりとひっかいて合図したことがある。後から配達で支局に行ったとき、「あれは何だったのですか?」とたずねたら、「いや、喫茶店で原稿用紙に向かってる人間を見たら、文化だよなとうれしくなってね」と笑っておられた。古風な人なのだ。で、むろん大きく紹介して下さった。

よいしょ、永六輔です

読書会サークルの人たちも喜んでくれた。久しぶりに「持寄り夕食会」をしようね、ということにもなった。ゲストは井上一夫さん。

三月十三日（月）の夜八時半。どうなることかとじりじり不安だったが、八時をまわったころから、ゾクゾク人が集まり始めた。七時台に人一人いなかった店内が、ぎっしりいっぱいになったのだ。

「よいしょ、鳥取にしてみれば常識はずれのこんな時間に、ようこそ非常識においで下さいました。待ち合わせは、本屋さんで。永六輔です」といきなりトークがはじまった。とてもいい雰囲気で、九時十五分終了の予定が十時になった。一人一人にサインしながら、「後でトークするから、お急ぎでなければ残っててね」と永さんも楽しそうだった。

残りが四十人くらいと見通しがついたとき、永さんが、「ダンナ、写真とってあげようよ」と私におっしゃった。永さんとツーショットを希望する人が、隣にならんで待つ。一つサインを終えると永さんは、一瞬パッと顔を上げる、すかさずシャッターを切る。この呼吸でどんどん撮るのだ。

「二、三日後に、もう一回お店に来て写真を受け取る。無料です。でもついでに本を買ってってね」と永さんがいう。盛り上がりに盛り上がって、ついに終了。

永さんが、「ダンナ、ラーメン食べたい」という。「え、ラーメン」と私はどぎまぎしてしまう。

後で井上さんから聞いたら、昼から何も食べてないとのことだった。私がときどき行く近くの札幌亭に岩波書店のお二人とご案内した。オカミサンが喜んで、「あ、テレビと同じ顔だ」と笑っていた。

待ち合わせは定有堂で

翌日の『日本海新聞』と『毎日新聞』に、サイン会の記事が出ていた。百四十人集うとあった。翌々日の山陰中央テレビには、夜のガランとした商店街と人のあふれる店内が、対照的に映し出されていた。

岩波書店の岩瀬史枝さんが持参して下さった永さんの色紙には、「待ち合わせは定有堂で」としたためてあった。うれしかった。

数日して写真をとりに来た人が、お礼にと数点の雑誌の定期購読を申し出てくれた。「はじめて来たけど、シネマの会とかあるのね」と仲間に加わる人もいた。

永さんのファンで定有堂を知らなくてわざわざ下見に来た。でも事故で突然亡くなった。友だちが代わりにサインをもらいに来た。永さんは名前の横に「合掌」と書いた。

いろんな「物語」が生まれ、また始まっていく。

朋有り遠方より来る

チャンネルハウスの川辺さん

日販岡山支店の知人（平松啓伸さん）が、神戸支店の女性（江角マキコみたい）と一緒になるというので、招かれて神戸を訪ねた。日販ファミリーのとてもあたたかな集いで、いい人たちと仕事をしてるんだ、とうれしかった。

足をのばして、西区にチャンネルハウスの川辺佳展さんを訪ねた。近ごろ自分で勝手に軍師と呼んでいる坂井真一さんを、大阪から呼び出し引率してもらった。坂井さんは本屋をはじめようとしているので、本屋情勢にとても明るい（元記者だし）。新神戸から車で二十分ほど。郊外にあるお店だ。ロフトタイプのおしゃれで大きな書店で、「からすの本屋」をシンボルに黒と白の演出に成功している。個性を豊かに押し出し、絞り込んだ品揃えの店内だった。

二階はどどんと半分吹き抜け。半分が事務室。扉を開くと、犬がしっぽを振って出迎える。うーん、犬が秘書なのか。ここは川辺さんの知的な空間だった。畳二枚ほどもある黒いテーブルで、私たちを歓待してくれた。

二階の知的な実験室

この二階はすべて、川辺さんの活動の研究室といった風情。パソコンを中心にいろんな資料が山積みだった。そういえば大阪の池田市に、甲川純一さんの本屋を訪ねたときもそうだった。やはり二階の壁面は書店、出版、造本、編集に関する資料に満ち溢れ、パソコンも数台あった。本屋自体が知的な実験場なのだ。川辺さんは小説まで書いているし、インターネットのウェブへも好奇心を拡張し、甲川さんはいま編集学校へも通っている。

川辺さんと話をしていて、一つ考えが変わった。「町の本屋」というとき、私はいつもストリートとロード、町角、往来の地縁的な狭さと、郊外の投機的ショップの無味乾燥な広漠さと対比していた。でも川辺さんは「町の本屋」だった。ロケーションの問題でなく、心のあり方だった。自分は個人書店だといっていた。そして周辺には十数店の企業書店がひしめいていた。当然従来のようには売れなくなる。でも川辺さんは、だから品揃えは肩の荷が降りて、自分の好きにしてもいいいんだと思えて、グッと絞りはじめたと語ってくれた。

初心に還る

出版流通の世界は加速度的に膨張している。それを何かよいことだと喜ぶ人たちを「タカ派」と呼んでみる。いずれ高ころびに転ぶ。本の商いは「小商い」なのじゃないだろうか。そう気づく人は、きっと初心に還る。初心というのは本が好きだから、本好きの集う本屋が好きだから、という初心だ。

初心には「青空」がある。アーカイック（古拙）なものとの出会いだ。ハト派はだから「町」へ帰る。

最近私も品揃えを自分仕様にしている一人だ。「町」に帰ろうとしている。どこかで売れている本というのでなく、この町のこの一角で売れている本に戻ろうと考えている。

本好きはどこにいるのだろう。定有堂なら本屋の二階に集まる仲間たちがいる。もう二十年定有堂教室と称していろんなサークルや講座を継続している。理念で現実をマップし、ナビゲートしないと生きられない人たちがいる（読む会）。本より映画という人もいる（シネクラブ）し、面白い本しか読みたくないよという人たちもいる（本読み会）。

隠れ里のホームページへ

教室の壁に、「朋有り遠方より来る、亦た楽しからずや」と額がある。本を読んでいれば友に会える、というのがそもそもの定有堂教室の出発だ。

「読む会」には学校の先生が多い。病院の先生もいる。議論は深夜に及び、「おれたちはなぜこんなに本を読むんだろう……」と絶句していつも終わる。職場で朋に会わないから、ここに十年以上も集う。「言葉をジャッジとする世界」を求めているのだ。そんな本を累々と読む。

私が自分仕様に並べようとしているのはそんな本だ。皆「ま、言ってるだけだよね」と笑うが、私はそれを生活の糧として棚に並べるので、「いやいや、きちんと教えて下さい」と食い下がる。

彼らの支援もあるのだが、棚はジワジワ売れている。

ところで思いつきなのだが、こんな「二階の世界」をウェブに載せてみようかな、と思い始めている。あまりにオールドファッションな知の世界なので、いまではこんな本好きの世界自体が「辺境」なのだ。隠れ里のようなウェブページ。もうホームページのＵＲＬはとれている。

ＩＴ（情報技術）革命の中に「辺境」を連結して、「小の美」をあらためて意識する。そんなことを、含み笑いを浮かべながら考えているのだ。

ノアの箱舟

時代が縮む

昨年の十一月にウィンドウズのマシンを入手し、マックに別れを告げた。二月頃から独習をはじめ六月一日にウェブサイトを開き始めた。

ドッグイヤーとＩＴ（情報技術）の世界でいわれるけれど、ここひと月は、まさにそんな感じに過ぎていった。

世紀の変わり目ということを意識するからかも知れないが、直感的なつかみとして、ある企業家の「ピラミッド型の中央集権から分散型の都市国家へ移る」とか、塩野七生さんの、「ローマの末期に似ている」つまり「帝国後の揺り戻しとして中世が露出する」という考えがおもしろく身近に感じる。時代が縮む予感がする。

いわれていることのもう一つは、パソコンのリテラシーでいえば、ファイルが細切《こまぎ》れになって、アクセスの効率が劣化する、ということだろうか。この間隙をぬってスピーディーな立ち上げを組織するところにチャンスが生まれる、ということでもある。

町の本屋は、別に世界を相手にしているわけでもないので、ＩＴ革命とかビジネスチャンスとかはどうでもいい。

でも、読者を相手にしているということだけは、いつも考えなければならない。

商店三十年説

家人がある雑誌を読んで、「商店三十年説」というのがあるらしい、と教えてくれた。独立自営にめざめ、意気込んで自分の才覚だけを頼りに開業する。で、どうもこの「才覚」というのは、三十年で一巡りして歯車が空回りする、という話らしい。

うーん、なるほどな、と思った。「才覚」というものは「同時代的な気分」を土台に花開いているものだ。その気分が変われば花もしぼまざるをえない。

町の本屋はでもそんな「同時代的な気分」を仕事の中核にしているので、もしそうだとすると、これは少し大変なことかも知れない。読者に取り残されたら、缶けり遊びをしようと思って広場に出ても誰も仲間に加わらず、一人ぽつねんと空き缶をかかえ込んでいるようなものだ。いや、「遊ぼ！」というのに、空き缶を持って出るのが、もう「同時代の気分」に見捨てられている、そもそもの原因かも知れない。

同時代の気分

私にたいした「才覚」はないが、でも、当然「同時代の気分」はある。

「本屋の青空」もそんな「気分」の一つだ。振り出しにかえる、権威とか既成の価値観とかをはなから相手にしないで、いろんなものの解体にともなう開放感と明るさを、一番大切な「気分」として手にし続ける。

でも、こんなことはもう終わったという気もする。きっとオールドファッションなんですよね。で、どうするか。どうするも、本屋ってそんなものなのだと、逆にはっきり見えてくるから、おもしろい時代だと思う。目端がきいてどこかへ住み替えるのも定石だけど、でも、どこへも行かず、ここに居座るのもおもしろい。

ウェブの世界

なぜ本を読むか。楽しいから。でもいまは楽しいことがたくさんある。本はもう娯楽の中心ではない。教養の中心でもない。本と地続きのリテラシーとしては、いまやウェブの世界が花開こうとしている。

本屋としてではないが、読者として私もいまウェブが面白い。読者としてというのは、子どものころから、本を読むのとミニコミをつくるのは地つづきの愉しみだと考えてきた。本をたくさん読んでどうすると聞かれたら、いつも、うん、みんなでミニコミ作って遊べると答える。でも、ミニコミ作りってけっこう大変。原稿集めて、作って、いろんな人に手わたす。これはなかなかの作業なのだ。

ところが、今年に入って突然、気が付いた。ウェブって「ミニコミの素《もと》」じゃあるまいか、と。ガリ版、そしてプリントゴッコ、ワープロときて、ついに最後に出てきた、ミニコミの御神器だ、と気付いたのだった。

濁流に浮かぶ

六月一日から、缶けりの缶ならぬ website.teiyu というサイトをかかえて、ウェブという空き地に日参している。

皮袋は新しいけど、しょせん中身は古いので、知人の大谷純さんというあるグループメールの活動家が、その高速度の議論の応酬に比して、このサイトのオールドファッションさにがっくりして、「奈良さん、これは濁流に浮かぶノアの箱舟だよ」と、でも、しぶしぶ仲間入りしてくれている。

「ノアの箱舟」で何を救出するの？　うーん、やっぱり読者かな。

「本」を読んで遊べるかどうか。これが私の、「同時代の気分」website.teiyuというサイトには、たぶんどうしようもない「本好き、本屋好き」だけが残るのじゃないかと思う。本好き仲間には、サイトに連載を持ちながら、マシンを持ってなくて、いまだ自分のページをウェブ上で見たことがない人もいる。プリントアウトして、「ほら、ここにこんなふうに」と手渡している。ちゃんと、A4一枚にページが納まるように作ってあるのだ。うん、これはオンデマンドじゃないか、とおかしかった。本屋好きには、郊外店をたたんで神戸市街へ転進する、川辺佳展さんもいる。「本屋いのち」なのだ。

で、「本」や「人」と遊んでどうするの？

ある本を読んでたら、「一味同心」という言葉に出合った。同じようなことでも、いっしょにみんなで居合わせてみることで、わかりにくいことも俄然《がぜん》わかってしまう、ということらしい。「本」がいて「人」もいる。そしてそこに「一味同心」が生まれる。「ノアの箱舟」かどうか知らないが、website.teiyuというサイトが、いま波にもまれながら、とも綱を解いている。

バーチャル書店

バトル・トークが近づいた

近々、「書店のいま」を論じる「バトル・トーク」がある。目黒の恭文堂書店の田中淳一郎さんと千駄木の往来堂書店の安藤哲也さんで、私が聞き役。安藤さんが七月から稼動する「ブックワン」というネット書店へ移籍したので、思いがけなくホットな展開になりそう（バーチャル書店がリアル書店を凌駕しそうで、みんな不安を抱いているのだ）。

知人の甲川さん、坂井さん（六月から正式に神戸の喜久屋書店西神南店の店長）やチャンネルハウスの川辺さん（郊外店を閉め神戸元町で町の本屋として再起動）たちと米子に前泊して事前セッションを楽しむ。甲川さんとは事後二人してどこかに泊まろうとも相談している（もうすぐ甲川さんは本を出すのだ）。

山ごもり

昨年秋に安藤さんを空港に送ったとき、「しばらく山にこもります」と言って別れた。往来堂書店のホームページに連載するよう誘ってもらったのだが、一回で休んだのだ。安藤さんは「アクチュアリティ」に開かれた人。私は「リアリティ」に自閉しがちな人間だ。
とても彼の言説がまぶしくて、「山にこもって勉強し直すよ」と言ったのだ。安藤さんはいつものようにニッコリして、「うん、待ってるよ」と応じてくれた。

私のスタンス

バトルの組み合わせは三人三様に違う。いま出版流通は再編のただ中で、例えば、出版社は「ＥＤＩ」など流通の配本権を取次から奪回し、直接書店をコントロールしたがっている。田中さんはここに共闘しようとグループ化をすすめる。安藤さんは「独立独歩」、自己の才覚を頼りに生き抜いていく。私は「取次」（日販）との親和性の中で小さな自分の世界を守りつづける。

私は、仕事の話をビジネスとして語るのは好きでない。なぜだろう？　ずーっとそう感じつづけてきたけど、近ごろなんとなく思いあたる。

いつも読者の人たちと一緒に何かをやってきたし、日販の人にも一人一人個人として付き合い教えを受けている。小さい本屋だからだ。取引のメリハリも、一人一人顔が浮かぶ。最初に支払い条件で道を開いてくれたのは中島さんだとか、図書館取引だったら大森昌尚さんとか、そんな具合だ。

これらのことは、ビジネスの言葉では語りきれないことのように思える。

website.teiyu

安藤さんにはとてもたくさんのことを学んだ。有名な「棚の編集」「文脈棚」。そして、ネットを通じて自己表現すること。山にこもって半年になる。そろそろ降りてこなければいけない頃だ。何を携えて降りよう。やはり自前のホームページではないだろうか。そう思った。

website.teiyuというのを作ってみた。六月一日から顔見世できそうだ。安藤さんに出会っていなかったら、思い付きもしなかったかもしれない。

でも私は自閉しがちな人間なので、自分は自分でしかない。「身の丈」のことしかできはしない。

ミニコミ好き

私が好きなのはいつも「ミニコミ」。『定有堂ジャーナル』というコピー雑誌を足掛け九年つづけた（昨年の二月休刊）。なんか一生つづくぞとこわくなったのだ。どうせ一生続けるのならひと休み、とも思った（九年トップを付き合ってくださった井狩春男さんには、「充電だよ」と後押しする言葉をもらった）。

「読者」の原型と、どこで出会うのだろう。私の場合は「ミニコミ」だった。本屋をはじめる前から『定有』というミニコミを作っていたし、人と本を読み合って冊子に編み上げることを含めて読書の楽しみがあった。だから本屋を生活のたつきとするようになっても、やはり『定有堂ジャーナル』（百十二号まで）や『定有』（いま第三期）へと足が向く。

おつとめサイト

今年の一月に京都で柳父章さん（評論家・翻訳論）にホームページ制作のレクチャーを受けた。この頃ようやく自分でつくれるようになった。たぶんずーっと続けるので、一人でメンテナンスできる必要があるのだ。

サイト名は「定有堂書店」。だが、ホントは「書店」とはあまり関係がない。「本屋好き」のミニコミというだけだ。本好き仲間が、「更新って、大変じゃない！」と心配してくれる。「ええ、でもおつとめだと思って……」、「つとめ」って勤行の「勤」だよね。うーん、やっぱり、山にこもりっぱなしってことになるのか。

バーチャル書店「定有堂」

で、ふと思ってみた。本屋を引退したらどうするだろう、と。こういうことを考えると楽しくて、つい笑みが浮かぶのだが、やはりミニコミ好きは変わらない。だから、「定有堂書店」という名前のホームページミニコミだけは延々続く。

そんな話をしてたら、家人が、「あ、それって知ってる。バーチャル書店っていうんでしょう」といい合いの手を入れてくれた。

町の書店に未来はあるか

三冊の雑誌

最近面白かったのは、編書房の國岡克知子さんが、「出版はもう駄目かもしれない」としょげかえっていたこと。それが面白いなんて失礼ですけど、でも、自社で出す『出版クラッシュ!?』（安藤哲也・小田光雄・永江朗著）のするどい激論に自分が真っ先に動揺したというのだから、出版人の魂輝く、いいエピソードですよね。

近ごろ、三冊の雑誌（新聞）が送られてきた。一つは京都の畏友植田善昭さん（リーブル銀閣寺店）。『ねっとわーく京都』八月号で特集「がんばれ！まちの本屋さん」。京都は駸々堂倒産で衝撃が走り、加えて大型店の陸続とした進出で小さな町の本屋さんの前途は暗い。応援特集なのだ。

もう一つは『本とコンピュータ』第十三号。最初に編集の河上進さんが贈って下さり毎号いただいている（本好き必読本で、教科書だと思い熟読している）。毎回鋭意な企画と特集で、今回は「30人が語る街の書店に未来はあるか？」。そうそうたるメンバーが、自分の見解を惜しみなく出し合っている。

もう一つは『書店新聞』七月十二日号で、角川歴彦《つぐひこ》社長の講演（「最近の出版界について」）が収録されている。

本屋コマース

角川社長の大局に立った論旨は、出版界は制度疲労をきたしているという「認識と再生のシナリオ」。出版界は読者の購入動態に適応できなくなり、購入意欲を満たせなくなっている。しかし再生のシナリオとして、インターネットがこの三年浮上してきた。

再生の要点は何か？　ワン・ツー・ワン・マーケット、つまり、「エンドユーザーである読者の立場から物事がフィードバックする」。出版社がコンテンツ（書籍・雑誌）をつくり、書店はコミュニティー・エリアの中で地域コマースに努める。出版社はeコマースで未来をにらむ。という認識だろうか。で互いに重要なのは、プロファイリング（顧客管理）。自分のエリアの読者を組織化する努力が大切だという結論に導かれる。

植田さんたち京都の町の本屋さんたちも、期せずして同じ結論の上に再生を意欲している。子どもが大事だから児童書に力を入れる（堀江幸雄さん）。中身の濃い配達外売に力をそそぐ（横谷隆幸さん）。なんとか顧客満足に努める方向で、本屋コマースを成立させたいと望みをつなぐのだ。

各個撃破

　ところで、『本コン』では、守屋淳さんが面白いことを言っている。「ネット書店が街の本屋を叩き潰す」としたら、どんな戦略をとるかという話だ。戦略理論にいう「各個撃破」がそれだ。「つまり、各店は独自性を出すことによって各々で大手に対抗できる、と煽《あお》る」、すると書店同士の連合という現実的解決の方図が浮かばない。で、あとは各個に大型顧客などを切り崩せば壊滅する、という意表をついた指摘だ。

　なるほどこの通りに進行している、と思って、あまりにこのメタ・レベルな考察に、うーんとうなってしまった。

　七月十五日の『朝日新聞』に、フランスでマクドナルドの店を壊した農業団体の指導者が「反グローバル化の英雄」になっているというニュースが出ていた。「市場原理万能の風潮」へのカウンターの動きだ。名前をとって「ボベ現象」というらしい。政府が無力で、自分たちが押しつぶされる、という不安の露出らしい。強者がどこまでも強者というのはヘンですよね。

　ところで、業界のことをいつも現場で身をもって考えている、地方・小出版流通センターの川上賢一さんの意見をいつも私は重視するが、ここではこう言っている。生きのびる道は二つしかない。「町の本屋」は御用聞き需要を満足させる存在として機能を果たせるもののみが生きのびる。あくまで店舗で勝負する（大型店や専門店）なら、店舗在庫をいかに売るかの工夫が生命線。「何を売るか？」という原点への問いかけをうながしている。

正論だしその通りだと思う。うーん、町の本屋って、なにか高度成長期を支えた「町工場《まちこうば》」みたいですね。たくさんの論議を通してそんな感想を持ってしまった。

もう一つ、石井昭さん（図書館流通センター）の、「書店業はやはり面白い仕事なのではないでしょうか」という一言が、妙に印象に残った。氏は独自なリアリストとして雲の上の人だが、あえて、「店主の個性や好み、主張を棚構成で表現」していく、書店業はやはり面白い仕事なのではないか、といわずにいられないのを面白く思う。「本屋の仕事」というものの原点を再認識させてくれたように思えた。かってな誤読かも知れないけど……。

本屋の未来

本が好きだから本屋をやる。本が好き、というのは、これはもう与えられた個性のようなものだから説明は難しい。で、本が好きだから、じゃあどうしたらいいの？　となると、理屈じゃなく、好きな本を並べたい、ということじゃないでしょうかね。どこに並べる？　棚に、となると、これはもう本屋ですよね。出版社の人なら、作るという立場なのでもう少し目的意識が自明だが、本屋ってじつはなぜ本が好きなのか自分でもよくわからないんじゃないだろうか。そんな人がいっぱいいる。目的意識がもともとないので、本のこととなると善良まるだしになる。だから、しっかりした目的意識を持っている人たちに、手もなくいいようにされてしまうのかも知れませんね。本屋の中から「ボベ現象」は起こらないと思う。

で、本屋の未来。私はどう思うかというと、なんせ「町工場」なので、技術オタクから抜け出せない。「身の丈」でしか考えないので、絵図的には描けないし、あまり興味もない。課題を先送りしないで、一つ一つ解決していく。自分にできない課題は抱え込まないし、背伸びしない。わたしはいま楽しいか、いつもこう問いかけたい。したいことしかしたくない。これって、ちょっと違うけど、でも独立自営の入り口ですよね。だからなるべく楽な道を歩きたい。

最近はwebsite.teiyuというホームページが楽しい。eコマースでもなんでもないただの遊びなんだけど、でも、楽しいことの延長にこそ何か生きるすべがあればいいな、と思って、雑念なく日々更新にいそしんでいる。この道はまちがっていない。まちがってないのだからなんとなく根拠のない力がわいてくる。これが、大事。うーん、町の本屋って、かぎりなく無力で無垢な存在ですよね。

第四章

本屋の青空

2008-2017

（写真・石橋毅史）

書と戯れる

時どき「面白い本屋だね」と言ってもらえる。理由はささいなこと。同じ書棚に文庫や新書、単行本がごっちゃに並んでいるからだ。中には「探しにくい」という人もいる。大きな書店の棚を見慣れての感想だろう。

小さな町の本屋では、本を「探す」というより、本と「戯れる」と思ってもらった方がありがたい。本好きの店が選んだ「本の現在」。それを体験してもらうのが本屋の醍醐味《だいごみ》である。こういう形態をセレクトショップというらしい。

全国から出版・書店の関係者が見学に訪れる。私は「なんでもあるわけではないけれど、どれでもある」と説明している。逆説的で分かりにくい。でも、他の言いようが思い浮かばない。

本屋には、手に触れた本がその日に動くというジンクスがある。一年間売れていない本を返品しようと棚から抜き出し、表紙を見た瞬間、「あ！　これは自分が悪かった」と表紙を表に出して置き直す。すると売れる。お客が表紙に思いがけない解釈を発見するからだ。

一冊の本は、人の思いで売れる。内容と醸し出す気配を受けとり、棚に並べる人との微妙な調合の力が、本を手にする読者に何かを訴えるのだ。

同じ本を店内の三カ所に陳列することがある。三回も目にした時、人は「買うしかない」と思う。本への愛情と畏《おそ》れが無意識にそうさせる。これが本屋の「リアル」だと思う。気になってならない本があるのだ。

先日、そんな話をしていて気づいた。「なんでも」というのはモノの量をいい、「どれでも」というのは人を中心に考えた品ぞろえのことだ、と。なじみのお客が喜ぶものは「どれでも」並べますよ。それが私の仕事。

就職しないで生きるには

本屋を鳥取市の中心商店街で開業したのは二十八年前。全くの素人だった。高校までは長崎市で育ち、東京の私立大に進学。同じ文学部で知り合った細君の故郷で、独立自営が始まった。東京でいくつかの職を重ねた末、三十歳を過ぎた秋のことだった。

素人だけど人一倍、本は好きだった。そんな自分の体験から最近、東京の一流書店で勤めることになった女子大生に助言した。「本屋のキャリアは就職した時から始まるのではなく、本が好きになった瞬間から始まっている」と。本屋の技量は学ぶというより、本好きの自分そのものがスキルなのだ。きっとそうだと思う。

地元タウン誌の取材で「人生の一冊は?」と問われたことがある。迷うことなく、レイモンド・マンゴー『就職しないで生きるには』(晶文社)を挙げた。一九六〇年代の米国で、新しい商いを始めたヒッピーらを描くカウンターカルチャーの本だ。

あのころは「オルタナティブな」(もう一つ他の)生き方が問われた時代。既成のレールに乗った生き方ではなく、すべてが自分一人から始まる術《すべ》がないかを模索した、熱い時代だ。

今なら、フリーマーケットのようなものだろうか。往来にモノを並べて買ってもらう。自分が作ったモノもあるし、自分が仕入れたモノもある。人と対面し、売れることが素直にうれしい「小さな商い」だ。

ここには自分という「物語」がある。大きな組織に属するのとは違い、自分がコントロールできる世界。そこで人と人との交わりも始まる。素人の私が開いた本屋もそうだった。

脱個性

三十坪ほどの店舗で本屋を始めた。開業を準備する時、書籍の取次会社の人が親身になってくれ「奈良さんはあまりにも本好きだから、自分の趣味は抑えてね」と戒めてくれた。生業のためだから、「自分」なんてお蔵入りで結構だった。だから「こんな本を置いたらいいよ」というお客の言葉を丁寧に追い求めてきた。

晶文社は「三カ月で一定数が売れたら、常備店にしてあげる」と目標を与えてくれた。情報感度が抜群なテレビ局勤務のお客が、書棚に置くべき本を選んでくれた。むろん目標は達成。すると、自分のこだわりじみた嗜好《しこう》はいつしか忘れ、本好きの人が求める人文書を中心に扱うようになった。

今や本屋の主流は郊外に移り、図書館と競うようなメガ書店も出現しだした。「書店探訪ブーム」が起こり、文芸誌などで「書店特集」がしきりに組まれる時期があった。あるムック本で「定有堂」が紹介されたことがある。

店舗の広さや在庫の量では、とても大型店と比較にならない。なのにページを開くと、ジュンク堂書店難波店と同じスペースをさいて記事が載っている。しかも「個性派書店」という呼び方で紹介されているではないか。

ビックリした。思いもしなかった自分の立ち位置が示されたからだ。大きい、小さいという量的な目安だけでなく、もう一つの居場所があるんだということを知った。

この春、大阪の本社へ転勤した本好きの人と、そんな話をカフェでしていた。すると彼は「個性を捨てて、個性派書店だね」と言ってくれた。

徳俵

「好きで始める」にとても執心する。損得で始める人は、あっけなくやめてしまう。抑えがたい思いは、相撲でいう徳俵を持っている。終わったところで終わらない。もうひとつ立ち上がろうとする粘《ねば》り腰がある。

私は育った時代のせいか、ミニコミが好きだ。今すぐ、必要な範囲で媒体を始めるにはミニコミがピッタリだった。二十代のころ、東京で思想研究のグループに入り、ガリ版刷り（懐かしい！）の小冊子を作っていた。「実存」の意味に似たドイツ語の哲学用語から、冊子を『定有』と名付けた。

三十歳を過ぎて鳥取市へ移り、始めた本屋の名前も自然と「定有堂」となった。ところ違えども、ミニコミとサークルを作りたい気持ちは抑えがたかった。

そんな思いをお客と語り合っていると、店内でフランス語や心理学の講座を開くようになった。鳥取市は小さな町だけれど、県庁所在地である。大学やマスコミなどに多士済々がそろい、講師には事欠かない。ある大学教授は「まさに町の寺子屋だね」と言い、講座に「定有堂教室」と名付けてくれた。

二十年以上も続いている講座に、人文書の読書会と「シネクラブ」という映画トークの会がある。近くの放送局の人が転勤で入れ替わるたびに講師を引き継いでくれ、現在で九代目になる。お客が編集する書評誌『定有堂ジャーナル』も八年間続いた。

以前は本を並べ、売るだけの本屋だった。やがて多くの人とかかわり、本屋の「物語」が紡《つむ》がれてきた。それが、とても大事な私の徳俵だ。

一周遅れのトップ

本好きの人はもちろん、本屋仲間と交流するのも大好きだ。大書店の人に「あなたは小さいからいいね」とよく言われる。「エッ？」と思う。書店と本屋。二つの立ち位置があるということか。

洪水のように本が次々と出版されるのに、読書離れは一段と進む現代。郊外のメガ書店でさえ、集客には仕掛けを必要とする。ネット書店もナンバーワンでないと生き残れそうにない。

片や本屋。規模が小さいこともあるけれど、書店のように地域を股に掛けるのではなく、いやおうなしに地域に根ざす。「町の本屋」という言葉があるほどだ。いたって普通の店。普通というのは往来にあり、ふらっと立ち寄れることだ。

文化人類学の本をひもといてみたい。昔は一つの集落の中では、みな兄弟のようなものだから、モノの貸し借りはあっても、売買なんて水くさいものはなかった。よそ者がやって来て、モノを売っていた。あるいは集落の境界に定期的な市が立った。

たとえ集落でモノを販売する人がいても、扱う商品は一つだけで、とても名誉をかけた商いだった。ところが、近代に入ると集落の境界はなくなり、扱う商品も一人で多種になった。そして、名誉のありどころもあいまいになったという。

町の本屋って、集落社会にみられた売買の心意気に通じると感じる。便利なネット全盛の現代、本屋は忘れ去られていく遺産のような存在ではある。けれども、人と人が直接ふれ合うことが喜びである限り、常に一周遅れのトップランナーに違いないと思うのだ。

書の底力

昔、千利休の茶室がどんどん小さくなった話を読んだことがある。その理由は「そばに太閤秀吉という存在があり、中華という巨大な文化があったから」だった。

こんな話を思い出したのは、「身の丈」という言葉が好きだからだ。町の本屋はスケールよりもクオリティーを重視する。この身の丈の狭さゆえに、店のコントロールも自在になる。

読書もそのような身の丈の出来事だ。本の世界は、なぜかくも居心地がいいのだろう。それは目線と同じ高さの本を求めて読むから。一味同心の世界だ。

「定有堂」で今お薦めなのが思想家内田樹《たつる》さんの本だ。コミュニケーション論などで柔軟な思考に富み、考えるヒントが続出する。女性は自分の立ち位置が分からず、不安に思っている人が多いようなので、特に薦めている。

言わずもがなだが、読書すると視野が広がり、見通しがよくなる。内田さん流にいうと「生存確率が高くなる」。本はさらに、人をつなげる力がある。本を介した人間関係は、心通う関係であることがしばしばだ。「友を選ばば書を読みて六分の俠気《きょうき》四分の熱」と言った人もいましたっけ。

定有堂で開いている読書会は、職場や地域が異なる人が出会う貴重なひとときだ。日常とは別の「知のリング」に上がり、談論風発、意見を交わし合う。心地よい応酬がある。教養には、そうした高揚感がある。

本の底力とは、凍えて居着きがちな心を言葉で駆動させ、人から人へとつなげていく力なのだと思う。

町に生きる

疲弊の一途だった中心市街地に変化が起きている。鳥取市の中心部では近ごろ、マンションの建設ラッシュだ。一時は大型店が姿を消すと、跡地利用は駐車場ぐらいだった。今はマンション。そして町中で人が増える。しかし、なぜ?

うわさはいろいろある。「郡部のお金持ちが町中で隠居するのでは」とか。マンションを建てるのは鳥取県外の業者が多い。「建てる土地が都市でなくなったので、山陰へ越境してきたらしい」という話も聞く。

地域の変容が、もう地域の中だけで理由を見つけられない時代になった。気の早い人は「道州制」を口にする。中国地方の枠組みだと、広島がいずれ行政の中心になるのだろう。

だとすれば、本屋としては少々不安になる。鳥取は「読書立県」を掲げ、県立図書館に注ぐ費用は全国でも潤沢な方だ。だが、広島はそうではないらしい。どうなるのだろう？

道州制の議論は分かりにくいことも多いが、中央集権を打破するには、地域の人材教育が欠かせない。中央で決めたことを淡々と執行する人材ではなく、自分で判断し、実行する人材が重要となる。鳥取県が図書館を「民主主義の砦《とりで》」とまで呼んで重要視しているのは人を育てるためだ。

いずれにしろ、モノではなくヒトに投資する時代が訪れる。その時、往来の中に生きる「町の本屋」の役割は鮮明だ。お客と接するため地域の人とのつながりは太く、よろず相談に乗ることもある。読書会など講座で人と人をつなげる。本の提供だけでなく人の役に立ち、小さいながらも地域を守るということだ。

再生力

「本屋の青空」という気分を大切にしている。心を再生してくれる書籍に囲まれた狭い空間。ここで時間を忘れ、遠くに思いをはせ、心が無限に広がる高揚感を覚えた瞬間、青空が突き抜けるような居心地のよさを感じる。窓から天空の光がわずかに差す教会に似ていなくもない。

時代は車社会とネット社会に押され、どんどん効率を求めている。目的を早く達成し、途中の無駄を排するのが美徳の世では、町中の商店は郊外の画一的な大型店に取って代わられる。そんな今のありようを私は「中抜きの時代」と呼ぶ。

だが、進歩はいつも何かを「中抜き」にし、それは文化の足音でもある。本の始まりは印刷された聖書と言われる。この時、教会と聖職者が中抜きにされたのだろう。でも、そこには青空が開けたはずだ。

変化は崩壊と再生を同時にはらむ。城下町だった鳥取市は、維新期にいち早く城を壊し、廃材を使って初等教育の学校を建てたという。鳥取の人は「再生は人に始まる」と考えている。文化に対して健全な選択をする町だと感じる。

町の本屋に大切なのは、小さいながらも奇特に扱ってくれる風土と人の往来なのだ。この町にはそれがある。人生を途中でやり直した私は、三十歳を過ぎて東京から移り住んだ鳥取を終《つい》の棲《すみ》家《か》だと思っている。

自分の力でコントロールでき、人と人が知を交わし合う「身の丈」の世界で、「本屋の青空」という居心地のよさはこれからも続く。危機の時代、本はいつも姿を変えながら、人を起動させると信じるからだ。

本屋と個性

小さな本屋の風情は、そのまま本屋の店主の風情に似ている。自分の工夫が濃厚だからだ。開業して十年目くらいに、商店の寿命は十年、という説を耳にした。熱心な商いは、主人のキャラクターが前面に出る。つまり個性的な商いであるが故に、他に抜きん出て成功する。が、次第に飽きられ、十年たてば賞味期限。あまりに的を射た話なので、「さて……」と考えた。結局、「人格も更新する必要があるのかな？」と思った。

三十年前に開業した時、「見習い」をした店の店長さんは、「君は素人参入だから、これを読んでごらん」と言って、一年分を綴《と》じた『日販通信』を三組ほど貸してくれた。寄稿している本屋さんの話で印象に残るのは、日販さんと共に店づくりをしたという感謝の話が多かった。

私の本屋としての最初の個性は、この『日販通信』の中の本屋の、先輩たちによって造られた。はじめ三十坪で開業し、数年後に増床し五十坪になった。書棚も商品構成も、地元書店の方々へのあいさつも、みんな日販さんがやってくれた。岡山支店の人たちも親身で、地域に合った基盤づくりをしてくれた。一番大きいのは、図書館さんとの付き合いを全面支援してくれたことで、これはいまも持続可能な基礎体力の根幹となっている。

十年たった。郊外店の乱立で、市街地は沈下を深めた。「本が好きという割には、たいした本がないね」と、読書人向けの本を教えてくれる学校の先生が周囲に増え、店の個性を明確にするため、先生方の指導で、書籍の棚を増やした。特に熱心な本好きの先生がいて、いつも職員室で「本」の講義をしてくれる。「先生、読書会やりましょう」と、講師になっていただいた。「読む会」と称し、二十四年続いている。人文書の選書は、みなこの先生に自分を重ねるようにして、なり切って棚作りしている。

また十年たった。職員室の先生方も、かつてほど本を読まなくなった。周囲をみると、元気なのは女性ばかりだった。フリーマーケットが旺盛な時代が来た。「カフェ」が、なんとなくそんな動向の中心に感じられた。店内に「カフェ・ブック」というコーナーを作った。

普通の生活を大事にし、日々を輝かせる等身大の世界。それが「カフェ・ブック」だ。自分を語り、人と触れ合うきっかけにする。ある時、女性のお客さんに言われた。このコーナーの品揃え、女性の人がしてると思ったら、男の人だったのね、と。自分にとっては最高の誉め言葉だった。

本のビオトープ

昨年の夏くらいから、定有堂では「本のビオトープ」をテーマに、『音信不通』（月刊）という小冊子をつくっている。なぜそんなことを始めたかというと、定有堂は、結局「学び系」の本屋なんだと思い至ったからだ。

この「学び」の根底にあるモチベーションは「レジリエンス」（復元力）で、いま一番大切な言葉だ。定有堂には一九八八年から三十年つづく「読む会」という人文書の読書会がある。テキストは毎回、岩田直樹さんが選んでいる。彼の論文を毎年まとめて小冊子にしているが、昨年のタイトルが『多様性とレジリエンス』だった。彼は教員で、いま高校教育の出口としてこの言葉が重要視されていると教えてくれた。

ビオトープという言葉（ビオトープは、元々は生物学の用語で「生物群集の生息空間」を示す）は、『キュレーションの時代』（佐々木俊尚）で知った。要旨は情報共有の圏域サイズが小さくなっているということだ。「もう大きなビジネスは存在しない」「ビオトープを的確に探し当てて、的確な情報を的確な場所に流し込む」と、ビオトープの重要性を説く。生態系の方からビオトープについて語る本では、『身近な自然のつくり方』（藤本和典）が優れている。わたしの課題に引きつけて読めば、ビオトープとは「生き物を呼びもどすために復元した環境」だ。呼びもどすためには何が必要か。「それは生きている土」。そして「たった一本の木でも、そのもたらす効果はとても大きい」と述べる。

「小さい」と「本屋」は同義で使うが、いま本屋に大切なことは、「縮小」のイメージをきちんと描くことだろう。なぜだろうか。

本のビオトープ『音信不通』は「縮小」のイメージを方向として示すタイトルだ。最新の十一号（六月）は十五人が寄稿している。大学非常勤講師、放送局ディレクター、司書、元書店員、国際交流職、建築家、劇団音楽家、放浪修業中の元教師、アメリカ在住者、俳人、ロシア語教師、考古学者などだ。「一本の木」が寄り集まり「土壌」を準備するのが目的だ。とくに内容には関与しない。書いている自分が楽しければ十分だ。ビオトープは「楽しい川辺」（あそび場）と共通理解している。

「読む会」という読書会は三十年続いているのだが、何をどんなふうに読むの？　とよく聞かれる。なぜこんなに長く継続できるの？　とも不思議がられる。最近、定有堂の棚のつくりを指して、「ゆるいね」と好意的に指摘された。読書サークルが長命なのも「ゆるい」からだ、と思い当たる。「ゆるい」というのは「応えすぎない」ことだと思う。例えばテキストの内容解釈に密着しすぎない。読書会に「結論」をつくらないということだ。話題がそれて行こうとしても、誰もレールに戻そうとしない。

その気づきを、さらに「ゆるく」しようと始めたのが、この小冊子だ。主語はテキストでなく、自分だ。これも「縮小」の方向だと思う。大きな物語（ドミナント）から小さな物語への縮小だ。「縮小」のイメージを持つことが大事なのは、自分でコントロールできる「身の丈」をきちんと図面出しでき、真っ直ぐ歩けるからだ。最近、友人に「リングワンダリング」という言葉を教わった。輪形彷徨《ほうこう》だ。ひとが山の中で迷い、遭難する。そのありようの分析だが、何らかの原因で方向感覚を失い、無意識に円を描いて同一地点を徘徊する。なぜ迷うかというと、霧の発生とかで、道標を見失い、「思考停止」のままに歩を進めるからだ。だから、ときに、立ち止まって考えなければならない。本屋がいま考えるとすれば、「縮小」のイメージ像をどう結んでいくかだ。小冊子は「真っ直ぐ」歩むための道標だ。読者の側にいままで以上に寄り添い、耳を傾けてみたいというのが発端だ。

立ち止まり、歩む。これは再生のイメージと重なる。寄稿者の一人が、つい最近まで学生だった人だが、ゼミで東北の再生にかかわった。そのときのゼミの指針が冊子になっていると教えてくれた。『ともに創る！　まちの新しい未来』（早田宰・加藤基樹・沼田真一・阿部俊彦編著）。ここでは、学生の実践に際し、指針を二つ明確に示している。

一つは、循環サイクルを知る。物事は必ず動く。四季の移ろいの陰陽をアナロジーする。飢饉のときどんな村が生き延びるか？「冬の時代の過ごし方楽しみ方を知っている村」だ。とても大切な気づきだ。

もう一つは、ナラティヴ思考だ。具体的には、『ナラティヴ・アプローチ』（野口裕二編）が紹介されている。それは「意味を変容させながら語る」ということだ。わたしの関心でいうと「結論」をつくらないということだ。「真実は一つではなく、人の数だけその意味の解釈が可能」なのだ。わたしは出口につながっている路だけを真っ直ぐに選べばいい、と解釈している。ここに「レジリエンス」が立ち現れる。リングワンダリングは、レジリエンスという道標（出口）を見失わなければ抜け出せる。

「本のビオトープ」がレジリエンスの道標というのが、定有堂の見当識（状況把握）だ。真っ直ぐ歩いて闇を抜けるだけの話だ。ビオトープ自体がレジリエンスの話なのだが、『植物はなぜ動かないのか』（稲垣栄洋）には驚くべき教えもあった。「雑草は踏まれたら立ち上がらない」。ここに、雑草の「見当識」がある。「本当の強さとは何か」「変えてよいもの、変えてはいけないもの」を知り、そこから始めることの大切さだ。雑草は立ち上がるという無駄なエネルギーを使わない。「強さ」には三つのタイプがある。「競争型」「攪乱《かくらん》適応型」「ストレス耐性型」。それぞれに「書店」「個性派書店」「本屋」と当てはめる。競争をたのしむ「書店」、予測不能な変化が起こる不安定な環境を選び存在感を示す「個性派書店」、そしてサボテンや高山植物のように、「身の丈」を磨き上げる「本屋」、と三つの見当識を思い描くことができる。

「本屋」は、雑草と同じように立ち上がる必要はない。定有堂は、本が好きで本屋をはじめたのだから、変えてはいけないものは、「本」にていねいに関与するということだ。これは自己言及性のような感じもする。本が好きだから本が好き、というのはおかしいけど、「学び系」といってみたらどうだろう。

出発点の課題、レジリエンスに戻るが、「破壊されたものは、環境だけでなく、関係そのもの」

なのだ。この「関係」のサンクチュアリを守るのが「本屋」の仕事なのだと思う。野口裕二は「対話は特別な出会いとともに突然始まる」とナラティヴ・アプローチの重要性を主張する。関係を対話の中で構築できれば、本屋はそれをリングワンダリングの道標とできるかもしれない。「本のビオトープ」をテーマとした小冊子『音信不通』は、いろんな知見を共有するための、雑草の営みだ。定有堂の現在、「関係」への「縮小の物語」を実践の中で述べてみた。「縮小の物語」を声高に述べるのもヘンかもしれない。でも、本のビオトープ『音信不通』には、定有堂発行とは記してあるが、住所も電話番号も表示されていない。置き場も目立たないところに、さりげなく置かれている。「ビオトープ」は、縮小を良しとした狭い考えなので、押しつけがましいきらいがある。だから秘した方がいいと思う。それでも気づく人は、たぶん本屋的人間だ。本が好きだから本が好きという自己言及性から離れられない人たちだ。その自己認識を「学び系」と呼んでみた。

好きだからやる

わたしの語りは、いつもいまいるこの場所から離れない。「わたし」というのは、定有堂という本屋であり、「ここ」というのは、一九八〇年に開業し、いま現在も存在する本屋のことだ。

だ。

本屋トークでは、わたしは明日のことにあまり興味がもてない。延々月日が経つのに、いまだ、本屋をはじめた動機、設計思想から一歩もでない。

小さな本屋同士で会話するとき、自分たちの立ち位置は、周回遅れのトップランナーだね、と首肯しあう。好きだからやる、この情念はくり返し訪れる栄枯盛衰の輪廻の起爆剤だ。だからこの「ゼロ」地点が大切なのだ。そしてこの情念は身の丈を超え出るものではない。身の丈を踏み出していくには情念だけでは不十分だ。

身の丈のうちで循環する。小さな商いの特徴だ。また逆にそういうものを小さな商いというのだ。

オースターの『幽霊たち』の主人公ブルーの「なんで森の中で暮らすんだ」という疑問は大切だ。二年二カ月一人きりで過ごして、町へ戻ったソローにみんなが投げかけたのも同じ問いだ。この問いに答えるために集会へと足を運ぶ。それを積み重ねて生まれた書物が『ウォールデン森の生活』だ。ソローは「私」が絶えず登場するのに恐縮する。世間一般でない暮らしの意図、情念そのものにみんなが興味を持つのだから、どうしても「私事」を語ることになる。

「森」に関心を持つ人は多い。レジリエンスということばを考えつづけるが、『植物はなぜ動かないか』という本の主張が意表をつく。この話題が面白い。植物にとって一番大事なのは、花を咲かせて種子を残すことだ。だから立ち上がることに無駄なエネルギーを費やすよりも、種子さえ残せばその生は成就する。もう一つ。安定した環境では激しい競争が起こるので、結局強いものが生き残る。逆に不安定な場所だと強者は避けるので、弱者が肩を寄せあうこととなり多様性が許される。それをここでビオトープと呼ぶ。

　ブック・ビオトープということばはあるだろうか。定有堂の小冊子『音信不通』は副題に本のビオトープと述べ立てる。だからそこでは、このことばが主題としてはためいている。辞書を引いていたら、ブッキッシュ（bookish）という単語があった。堅苦しい、机上の、非実際的なと説明がつづき、実生活からでなく書物で知った机上の借景とまでけなす。借景、あれ？　この小冊子の主張する「見立て」と同じ意味だとたじろいだ。

　ソローの話を面白がった人たちも、でもブッキッシュねと思ったかもしれない。そんなソローを孤立させてはいけない。他人事ではないからだ。で、どうするというのが定有堂の設計思想だ。ソローは私たちのたよりの杖だからだ。ブッキッシュのままに町へくりだせばいい。でも「私」の狭い範囲の身の丈の話に誰かが耳をかしてくれることが必要だ。形のない自分の思いを語ることは難しい。でも自然や本について語るのなら少し楽になる。好きなことだからだ。そのために、本が町の中いたるところあふれだす。ビオトープは点だ。でも存続するためには、種子を受けとめるもう一つのビオトープが必要だ。だからカフェの中にも本がなければならない。本に事寄せて見たものを語る。想いを託した本を町の中で手渡しつづけると、やがて、想いを文章にしたくなる人たちがあらわれる。その循環に町の文化の車輪がひとつ動く。好きなことは楽しいというう原初的な情念の輝きでもある。その原初の力のありようをさして、野生という。このぬくもり豊かな息吹は、記憶の底の森の力というのがふさわしい。

第五章

定有堂書店の生成変化

2011／2023

（写真・定有堂書店）

本屋の未来を創造する

小さな本屋は、余分なものを削ぎ落として、自分本来の立ち位置へ回帰していきます。その「身の丈」にこそ底力があるように思います。この引き算したところにある本屋人生、つまりライフスタイルが、独立自営の底力。その底から見える「本屋トーク」です。

本屋的人間

ずっと、本屋のことで、人前で話すことはない、という気がしていました。岩波ブックセンターの柴田信さん、今井書店の永井伸和さんから、何度かお声をかけていただいたりしたのですが、

「奈良はもう終わっています」と申し上げたりしていました。

「終わった」というのは、創業して三十年過ぎているし、本屋というものをあまりに自分本位にカスタマイズしているので、「奇想の本屋」になっていて、違和感を持たれるのではないかな、と不安があったからです。奇想というのは、規範から逸脱して、自分の執念の赴《おもむ》くままに作り上げる、素人仕事の域を出ない性質のもののようにも思われます。そうした「奇想」というものは、共感を呼ぶ場合もありますが、でも多くの人には、使い勝手の悪い面もあることでしょう。好意的に見ていただければ、個性派書店ということになるかと思います。

　私は、柴田さんや永井さんの弟子だという気持ちでいますが、柴田さんは常々レジ前が最前線というお考えで、「商品知識と計数感覚」にとても厳しい方だと畏怖しております。でも、お優しい一面もおありで、時折いただく私への手紙には、「好きだから、まだ続けている」と。「あ、好きで続けてもいいんだ」とリラックスさせてくださいます。たぶん、私は、この「好きで続ける」方の弟子だと思います。柴田さんや永井さんの「本屋の未来」をなんとか残そうという、たくさんのことを見直して未来へ続けていく、裾野の広いお仕事の中に、唯一、狭いですが、「本屋が好き」という一点で、かろうじてつながらせていただいているかと思います。

　この連続講座のテーマは、「本屋の未来を創造する」ですが、私がなぜ日頃、「話すことがない」と思っていたかというと、「ビジョンを語る」ことに、あまり自信が持てていないからだと思います。「ビジョン」というと、（1）未来への展望、将来の構想、未来像。（2）先行きを見通す力、洞察力。なわけですが、人と人との出会い、そしてそこから始まる偶然性みたいなものに、一喜一憂してきただけで、仕事の「スキル」のようなものを、きちんと構築してきていないように思います。「人」が好き、「本」が好き、それだけでやってきたのではないかと思います。たくさんの人に向かって話すことは、そういうわけで苦手なのですが、「人」と話すことは好きです。

だいたい日頃、どんな場所でどんな話をするかというと、「カフェ」がとても好きです。どんな人と話をするかというと、これから親しくなりたい人は、カフェに誘います。幸い近くにすてきなカフェがあります。私はすてきな人を見つけるのが得意です。そして、カフェは特別な場所、という気もします。

どんな話をするかというと、その人の精神の形成史のようなものに耳を傾けます。例えば、学生のとき、サークルは何をやっていたの？　どんなことが好きなの？　どんなことをしたいと望んで、どんなことをしたの？　等々です。

その人の「フレームワーク」（作業仮説）の基盤のようなものが見えてきます。いいな、と思ったら、自分の「フレームワーク」をいったん捨てて、その人の「フレームワーク」をいただいて、自分の一つの「窓」にしていきます。この「窓」から、「本」の仕入れのコーナーづくりが広がったりします。私にとって、興味ある人、というのは、「これから何をしようとしているの？」という人です。

ビジョンというと、自分の成功体験をどうしても発想の基盤におくことになります。自分の体験をシステム化し、論理化し、作業仮説としていくことに、あまり興味を見出せないので、語ることが苦手です。いつも一回限りの出来事だったと思う気持ちが強いからです。あの時はたまたまうまくいったけど、次はわからない、という経験が多かったからです。

でも「仕事」って、ビジョンの道案内で実行するものなんじゃないの？　と言われるかもしれませんが、「体験」をどう考えるか、ということも関係あるのかもしれません。

本屋の仕事って、よく口にするのですが、本屋のキャリア（実地の経験）って、本屋に勤めてから何年というよりも、本を好きになって読み始めたときからが、キャリアの形成と言っていいのではないかと思います。

そうすると、本屋のキャリアというのは、本の扱い方、人（お客さん）の扱い方、というほかに、大きな部分に、「自分の扱い方」というのも、加わるのではないかと思います。

つまり、この自分の扱い方というのが、いつも関心の持てる私の話題です。いつの頃からか、そんな自分の狭い関心と話題を「本屋トーク」と呼んでいます。モノを売る、ここでは「本」ですが、例えば、フリーマーケットのような、売ることのオリジンな場所では、自分の売るモノに、なぜ自分が買い（仕入れ）自分が売るのかという物語が、大きな主体として立ち上がるわけです。私はそんな光景を見て、「付箋」が付いているみたい、とうれしく思います。「聞いて聞いて！」の世界だからです。本屋的人間もやはり、自分が選ぶ、並べる、ということの周辺に、この付箋を付けているような気がします。この付箋を、私は「本屋トーク」と呼ぶわけです。

もう一つ思うのは、「本屋」と「書店」ということです。

このことは、ある時期から感じはじめ、最近なんとなく、意識的に用いています。結論から言うと、「本屋」は「書店」に対して、「オリジン」な立ち位置にあるのではないか、ということです。

「書店」というのは、例えば抜きんでて実力のあるところを、「大店《おおだな》」といったように、取り扱いの大きさ、立地（アクセス）の良さが大事です。「店」は商品の置いてある陳列空間であり、当然大きい方がいいわけです。ここでは「店」の物語がメインになります。

「本屋」というのは「屋」の字について考えると、あることを専門とする人や、そのような性質の人である、という意味となります……がんばり屋さん、いばり屋さん、とか。本屋は、「照れ屋さん」というのが、多いのではないでしょうか？

我田引水で、「書店」のメタレベルとして「本屋」がある、と思っているのですが、突き詰めて考えると、さらにその先にあるのは、「人」そのものが、メタレベルとして浮上するのではないかと思います。

しかし、「人」が「組織」へと進化発展していくという逆の方向も、当然考えられるわけですから、私が言っているのは、事実を語っているのではなく、たんに、ひとつの主張、しかもどちらかと言えば、少数派の立場かと思います。

私が、いま話したいと思っていることは、本屋という仕事についてです。仕事を語る、ということは、他人が聞いて、「自分もやってみたいな」と思うような話をする、ということです。「仕事を語る」とはそんなことではないかと、私は思います。

本が好き

私の「本屋」の人生は、三十年ちょっとですが、「本屋」人生を、はしょっていうと、開業のときに、短期間のうちに親密になった、朝日新聞の記者の方が、地域欄に「本好きが高じて、本屋を開く」という見出しで、ご紹介くださったのが、地域の中で居場所を与えていただく出発点となりました。一九八〇年十月です。また二十五年後に、同じ新聞社の、これはもう当然違う方ですが、「好きだから続けてこられた」という見出しで、紙面にご紹介くださいました。この「本」が好きで始めて、「本」が好きなので、取り巻く業界環境の悪化にもかかわらず、まだ続けている、というこれだけの言葉に、私の本屋人生のアイデンティティは尽きるのではないかと思います。まだ、と言いながら、その後六年続いているわけです。まだまだ、好きだから、まだ続けているということでしょうか。

「本」が好きで、本屋をはじめ、二十五年続けている。ちょうど二〇〇五年の九月二十一日の記事でした。開業が十月十日でした。自分では当たり前のことではないか、と思うのですが、それぞれの記者の方は、「いや、ニュースなんですよ」とおっしゃいました。

最初の紙面をごらんになって、開業の参考にしたいと、数人の方が訪ねてみえました。私は、開業前はサラリーマンで、それも本を売る仕事とは全く関係ありませんでした。自営業の経験もないわけです。で、素人のあんたが本屋を始められるのなら、自営業の経験がたっぷりある自分なら、あんたと同等かそれ以上にできるはずだ、という考えです。それは正しい、と私も思いました。

成功した方もいらっしゃるし、そうでない方もいます。短い方は、本の商いの経験はあった方で、実家の畑を売って始めた、と聞いたのですが、三カ月ほどで撤退。青年実業家でスーパーの経営もされていた方も、二年ほどでおやめになったりしました。支店もすぐさまお出しになっていたのですが……。けっこう、難しいものだったんだなと思います。

で、二十五年ほどたって、紙面でご紹介くださった方は、若い方の励みになるから、という趣旨でした。私のたどった道すじが、若い人のあこがれる「町の本屋」、そしてまた独立自営の一例と、思っていただいての紹介だったと思います。

本が好きで本屋を続ける。あらためて考えてみれば、大変恵まれたことだったんだな、と自分の幸せな巡り合わせに、感謝しています。

本屋をはじめる

最初私は、人の、若い日の精神形成期の話を聞くのが好きだ、と申し上げました。問題意識をどのように抱き、育てたかという、それぞれの個性に興味があるからです。

人の、それぞれの問題意識は、出会いに支配されます。

私は、「本」も好きですが、「人」も好きです。人は、自分という人間の成り立ちに、自分の人格形成、つまり自分という「窓」を広げたり、違う向きに付け直したりしてくれます。

人の「窓」のでき方を知ると、なんとなくその人の考え方、生き方が理解できるような気がします。

　その人の「生い立ち」は、その人の人生の付箋のようなものです。注意書き、但《ただ》し書きです。多くのことを物語り、説明してくれます。

　私の取次さんは日販さんですが、今年の『日販通信』八月号の「書店余話」というコーナーに寄稿させていただいています。日常的にお付き合いの深い、取次さんの月刊誌ですので、ちょっと緊張したのですが、ふとあることを思い出し、書きはじめることができました。

　本屋をはじめたいと思ったとき、たまたま友人のお姉さんのご主人が日販ＯＢで、お世話くださったのです。東京のお茶の水の本社の、取次相談課に連れて行っていただき、そこから一歩が始まりました。

　素人だったので、「じゃ、ちょっと見習いをした方がいいね」ということで、とある書店さんをご紹介いただきました。

　相談課の課長さんに、「どんなところがいいの？」と聞かれたので、「せっかくですから、戦後大きく成功されたところがいいです」と希望を言いました。で、その方向でご紹介くださったのです。「一から始めて十になった」という意味で、日販さんには充分通じたと思います。小さなお店から始めて、チェーン店展開に成功されたお店でした。本店すぐ前の駅ビル店で、都合のいいときだけ通う、というご好意に甘えた修業でした。

　こう言うと「あれ？」と思われるかもしれませんが、開業当時の私は、こういう大きな書店に成長するという、気持ちの選択肢もあったわけです。

で、『日販通信』の話ですが、そのお店の店長さんが、とても親身な方で、『日販通信』をきちんと年度ごとに製本保存されていて、それを数年分お貸しくださったのです。実務を学ぶ時間はどうしても短いから、この雑誌で書店というもののあり方を学びなさい、ということだったようです。

いま思うと、この『日販通信』で学ぶということが、私のフレームワークの自己形成に大きな役割を果たしたようです。

私が精神的に反芻《はんすう》したのは、日販さんという取次と青年期にあった書店との、手をとり合っていく成長の歴史でした。喜怒哀楽を共にした、いい時代の、熱気にあふれた記憶であったように思います。書店人としての私のフレームワークは、ほとんど日販さんの、子を育むような気持ちと、重なり合うようにして、形成されたようにも、いまは思えます。日販さんの視点で物事を考える、という方向だったと思います。一番大事なこととして、胆《きも》に銘じつづけていたのは、「取引は個別」という指針であったかと思います。

一般論で自己の取引のありようを主張しない。努力と貢献の積み重ねと、その上に立っての相互の繁栄を考えて、取引のフレームを作って行く、ということです。「個別」だからこそ許されたご支援、というものが数多くあったと思います。

この日販さんに支えられた、三十年の歩みは、それだけで一つの物語となりますが、すべてが「人」と「人」との出会いに立脚した、一期一会の出会いの事柄なので、また別のテーマなのではないかと思います。

「身の丈」の発見

書店というデザインを作るとき、私がしたことは二つでした。一つは、たくさんのオーナーの方のお話を聞くことでした。小さなお店、児童書の専門店など、知人の紹介で、主に苦労話でしたが親身にお話しくださいました。これは実務研修とは別です。実務は前に言ったチェーン店と岡山のデパート内書籍売り場で、ここは一週間勤務しました。日販岡山支店さんの紹介でしたが、なぜか日販ＯＢの方々が運営されていて、後々も面倒をみていただける大切な人との出会いが、そこからはじまりました。なんとなく自分自身が日販社員のような気持ちで、お付き合いを続けている、もう一つの出発点がここにもあったように思います。

開業してからも、本屋の方々とのお付き合いは好きですし、貴重なことだったと思っています。二つ目は、たくさんの店を見て回ったことです。京都を中心とした関西。岡山は日販さんの支店の拠点ですので、もちろん。あと、鳥取県内は全部。松江も。理由は、模倣するためと、そこにない何か、を見つけて特色とするということのためでした。

最初のデザイン構成や夢は、いろんな意味で幅広いものだったわけです。じゃ、今はどうなの？　というと、ほとんど定有堂所在地から、半径一・五キロが、デザインの用紙の広さです。つまり、「身の丈」のデザインです。

関心そのものは大きいのですが、自分が出かけていくよりは、この一・五キロ、もっと狭く言えば、定有堂内にたずねてきてくれた人と、深く関わっていきたいという方針です。ここでは、私自身「身の丈」の対応ですし、たずねて来てくださる方も、やはり「身の丈」のお立場で、ご好意をお示しくださいます。

じゃ、最初にたずねて来てくださったのは誰？　というと、一九八〇年の開業当日、個人というお立場でしたが、永井伸和さんでした。初対面でしたが、なぜかジャンパー姿で（長いおつき合いですが、私がラフな服装を拝見したのは、このときだけだったような気がします）、花束をさっと渡され、「僕は大学の先輩になるんだよ」と。あと覚えているのは、皆さん現今井書店の幹部の方々ですが、引退された花井さん、現在中心でご活躍されている中尾さん、ダウンジャケットで、やっぱりラフな格好でした。

皆さん一人一人、別々にお立ち寄りくださったのですが、「本が好きで、本屋が好き」という、共通の動機のようでした。

「本」が好き、は今井書店さん（当時は子会社の富士書店さんも鳥取市の文化拠点だったのですが）の、社員の方々の共通の姿勢でした。定有堂の閉店後に、よくそんな社員の方とも、常連のお客さんと一緒に遊んでいました。夜十時すぎくらいの閉店時間の頃だと思うのですが、一九八〇年代の前半のことです。

交流といえば、米子今井書店の方々と一緒に、京都や大阪の書店を見て回ったこともあります。一緒だと、けっこう丁寧に対応していただけて、有難い思いもしました。

じつは、「本屋」という言葉に、私が自覚的になったのは、そうした今井書店の方々の影響です。

私は、単に「書店」をやっているつもりだったのですが、今井書店の方々の口癖は、「本屋はいいね」でした。

今井書店さんは、当初米子の本通りに、専門書を中核にしたお店をお持ちで、読書人の評価の高い書店で有名だったのですが、さらに本格的に、専門書に特化した大書店をロードサイドにお作りになった時期があります。

一九九五年オープンの「本の学校」は、全国的に有名です。この最初の店長（吉岡七江）さんが、友人で、大学の後輩だったこともあり、県外に一緒に書店を見に行ったり、研修に行ったりしていましたので、オープンの三日ほど前に見においで、ということで声をかけていただきました。オープンすると自分の作った全力投球の棚が崩れる（つまり売れて欠ける）から、という理由でした。

一まわり見て、「すごいな」と思ってポカンと立ちすくんでいると、松江の幹部のある方が、「すごい、と思っているでしょう。でも、僕は、あんたの方がすごいと思うよ」とおっしゃいました。びっくりして、「え？　どうしてですか？」と聞きました。

今もはっきり覚えていますが、「だって、書店より本屋の方が上に決まっているよ」というお返事でした。たぶん私の店は見たことがなく、「本屋」というあり方に対しての、日頃の考えを述べられたのだと思います。

これは、今井書店さん全体にしみわたった、永井伸和さんのスピリットだと思いました。小さな本屋をつくる気持ちで、パッチワークのように大きなスペースを埋めつくす、とでもいうのでしょうか。
「身の丈」で仕事をするという意識が芽生えたのは、そういう永井伸和さんとの出会いがあったからだと思います。現在も、今井書店さんは、質的な拡大を継続されていますが、逆行して、私は縮み志向の道筋を歩んでいるようです。「身の丈」にとことん縮んで考えてみるということが、自分の役割のようにも思います。たとえがオーバーで恐縮ですが、ある作家の方の説に、千利休が茶室をどんどん小さくしていったのは、あまりに巨大すぎる中華文明に拮抗する手だてとして、「縮む」ことに可能性を見出したからだ、とあったのを思い浮かべます。

本屋の仕事

「営業」という仕事は苦手です。自分の未熟さもあるのでしょうが、「物」を「人」に売る、というときの、この主語と述語の、取り付くしまもないようなそっけなさに、戸惑います。例えば、同じ本を百冊売る、とかいうことを考えると、茫然とします。

開業の頃は、なにしろ必死でしたので、いいと言われたことは何でもやりました。一九八〇年代はじめは、婦人誌の新年号を、日頃十冊か二十冊しか売れないのに、百～二百冊を目標とする雰囲気がありました。で、他の業種の知り合いの方が、とび込み販売の基本を教えてくださいました。洋服販売のお仕事で、特に学生服など制服を扱われていました。

まず、文教地区の集合住宅を数棟目標に定める。たぶんほとんど売れない。精神的につらくなるので、大事なのは、まず最上階から訪問すること。すると惰性で一階までたどりつける。

いいと言われたことはなんでもやる方針でしたので、車で二十分ほど離れた大学の周辺の、知人おすすめの上品な地域の集合住宅を、三棟ほど訪問販売しました。当然ですが、いずれでも「いらない」と言われましたが、一軒だけ気持ちよく買ってくださるお家がありました。

理由は、自分はあなたの店の近くに勤めに出ている。あんな遠くからわざわざ来てくれたのだから、つき合いで買ってあげる、頑張ってね、ということでした。

当たり前ですが、店を知ってもらうということが、地域の中で生きることの根拠であり、知ってもらうため、そして肯定してもらうための店づくり、ということの大切さを、いろんな無駄を積み重ねて知りました。

私は、「本」は好きですが、「本を売る」ことは不得意です。

本が好きで「本」と関わって生きている、というこの「生き方」を媒介項として、「本を買ってもらう」という居場所が作れれば、一番いいな、と思うようになりました。

「本」の販売、という「本道」では、私の試みは、失敗の積み重ね、でした。結局、自分の趣味という「脇道」で助けられたのが、私の本屋人生ではなかったかと思います。

「脇道」への踏み迷いは、大学を出て、普通に就職して、普通に生きる、ということに失敗したのが、本道を逸脱した大筋です。なぜなのかな？　と思い浮かべてみると、早くに（私の二十代半ば過ぎに）亡くなった母に言わせると、「本が敵《かたき》」ということのようでした。本好きという心の片寄りで、ふらふらしていて、道を踏みはずす、ということを案じての言葉のようでした。

せっかく勤めた民間会社も、「本が読めない」という理由で辞めたようなものです。会社には八階か九階に演劇図書館があって、恵まれた環境にあり、司書の方にも親しくしていただいていたのですが、私の心のありようが、よほど狭かったのだと思います。

会社をやめて二年ほど、浪人して、本を読む暮らしをしていました。当時（一九七〇年代半ば）、高田馬場に、そんな同じような人間が集って、自主講座の場所を作っていた、「寺小屋教室」という集まりがありました。そこに参加し、自分がやっていたのは、「本」を読み、語り合う、ということでした。これはとても幸せな時間でした。あと、この語り合うことの延長で、ミニコミを作りました。ミニコミは、二つ作っていました。一つは『音信不通』という個人誌。もう一つは『定有』というタイトルでした。この『定有』が、「定有堂書店」へと繋がります。

つまり、私の趣味は、「本」を読む、「本」について語り合う、「ミニコミ」を作る、この三つです。

定有堂書店は、自分の生活の唯一の基盤でしたので、とにかく考えられることはすべてやりました。朝八時前に店へ出て、夕方六時くらいまでは、半径一・五キロくらいの範囲で、本好きの人がいると聞けば、訪ねていきました。話すことは「本」の話です。中には書斎を見せてくださる方もたくさんいらっしゃいました。

「本好きな人」が、本屋をやっている、というので会ってみたい、と思ってくださる方もたくさんいました。本好きな人に会うのが趣味なので、開荷陳列の業務が片づくと、地域の中で、遊んでいただけ、のようなものだったのかもしれません。

で、夕方六時からは、毎日一人で夜十一時くらいまで店番をしていました。この時間は、今度は、町の中の人が遊びに来てくれる時間でした。定有堂教室と呼んでいた集会所があったので、自由にお茶をして、おしゃべりができたのです。私はレジで店番をし、みんなは奥の部屋で、勝手に集い合っていたわけです。同じ趣味の人と人とを紹介しあったりもしました。本好きのユートピアであったかもしれません。「ユートピアって何?」と聞いたこともあります。ある人が、「違う考え方の人たちが、楽しく集まって、そして決して争わない」と答えました。本屋の棚空間って、実はそうですよね。

地方の町の若い本好き、というのには、その頃（一九八〇年代はじめ）、一つの共通したタイプがありました。一度都会の生活を経験して、この地方で日々を過ごす、ということです。Uターンした人も数多くいます。鳥取市は県庁所在地ですので、県庁に勤める人がまずそうです。学校もあります。それと、新聞社や放送局も近くに集中しています。初任地として赴任してくる、若い方が多いのです。こういう方々がやはり「本」好きでした。この頃、「本にカバーをかけてね」という人が好きでした。職場で、どんな本を読んでいるか知られたくない、という理由でした。この、職場と自分の違和感と、本を読むということが、深く関わり合っている時代でもありました。

「本」を読むことによって、自分の世界をつくってきた人たちが、まさに、おそるおそる現実の社会に分け入って行こう、という時期だったのかもしれません。

「本」が好きな私の、もう一つの趣味は、「読書会」でした。最初の読書会は、そんな若い人たちと始めました。テーマは、期せずして、「アイデンティティ論」で、エリクソンの読書会でした。何がテーマかというと、「アイデンティティ・クライシス」、自己同一性の危機です。理念と現実をどうすり合わせるか？　という問題意識だったと思います。都会での生活と、地方の生活の、折り合いをつけねばならないことは、地方の青年には、たくさんあったようです。余談ですが、よく「理念と現実が違っていたら、どうする？」と聞いていました。「理念」から「現実」へと軸足が少しずつ移ったのが、私の鳥取生活であったとも言えます。

ドイツ留学から戻り、七年くらい前に、鳥取大学に一般公募で採用された心理学が専門の教授を、若い人が連れてきてくれました。この先生が常日頃考えていたことは、大学が町の郊外に移されていて、町との交流が少ない、町の寺子屋のような交流の拠点を、町中に作ってみたい、ということでした。

そのうち、私の趣味ですが、町の寺子屋、「定有堂教室」と名づけたサークルの仲間に、個人通信を作ることをすすめました。B5判用紙一枚のリーフレット通信です。そして店内の壁に貼り出して、持ち帰りのコーナーも作りました。ガリ版刷りです。だんだん盛り上がってきたので、『ブックレット定有』という雑誌も作りました。そのうち第二次『定有』もはじまりました。その後第三次まで刊行されました。この『定有』は、だいそれた言い方ですが、思想誌をめざしました。そのうち、「本」が好き、という原点に立ち返って、『定有堂ジャーナル』という本の紹介の月刊誌ができました。十六ページくらいのコピー雑誌です。一九八九年十月から十年、一九九九年二月の百十二号まで刊行しました。いずれも、編集制作は、定有堂教室のミニコミ好きの方々でした。この最終号の十六ページの「定有堂教室」ご案内を見ると、「読む会」「シネクラブ・テイユウ」「眼蔵を読む会」（『正法眼蔵《しょうぼうげんぞう》』ですね）「ジャズクラブ・テイユウ」「ロシア語講座」「原書の会」（精神分析のコフートです）と七講座がおこなわれていたようです。

定有堂教室は、人との出会いのたびに増え、フランス語や英語、ロシア語などの語学教室や小説を読む会など、数多く、生まれたり消えたりしました。

現在二十年以上続いているのは二つ。一つは、一九八八年三月に始まった、人文書の読書会「読む会」で、はじめて十年くらいの一九九六年九月に講師の先生がお亡くなりになりました。日本史が専門で、県史の編纂にも携わられ、最後は県立図書館の館長さんで定年直前でした。お弟子さんや周辺の方々が遺稿をおまとめになり、『伝えたいこと』というタイトルで、定有堂書店から刊行されています。地方・小出版流通センターさんのご好意で、現在も入手することができます。店内では、四か所に「定有堂で一番読んで欲しい本」とＰＯＰで呼びかけています。「インディペンデント・スピリット」とも添え書きしています。主張はたぶん二つです。（１）大きな声でものを言う人間を信用するな。（２）（先生だったので）落ちこぼれそうな人の中に、みんなをすくい上げる大切なヒントがある。実際に、そんな一見落ちこぼれだった人に、大人になっても慕われたようです。

もう一つ残っているのは、「シネクラブ・テイユウ」という会です。はじめたきっかけは、夜の定有堂に集まっていた人たちと、あるとき「定有堂まつり」というのをやったことです。

開業五年目の一九八五年。近くの料亭の舞台付きの大広間を借りきってのイベントでした。プログラムは、

（写真・定有堂書店）

（1）一人芝居（地元劇団の女優の方）。（2）カントリージャズの演奏会。（3）詩の朗読会（これは、私が尊敬する、徳永進さんというお医者さんと、その小さな子どもさんたち。いまはホスピスのお仕事で有名です）。（4）心理学クイズ。前述の大学教授の巧みな会場とのやりとりでした。入場者は百六十人くらいでした。

本屋のトレンド

　山陰に七年ほど続いている、とてもアートな雑誌があって、『さんいんキラリ』といいます。大好きな雑誌です。編集発行人は、奥田英範さんといって、学ぶことの多い方です。とてもクオリティにこだわった、優れた雑誌メディアです。地域文化の紹介雑誌ですが、カフェなどのショップを取り上げるにしても、以降三年は繁盛が見込める、と判断したところしか記事にしないという、姿勢とポリシーです。このクオリティへのこだわりは、人を引きつける、と思いました。この奥田さんという人の周りにいると、きっとたくさんのいいことに出くわすぞ、という気がします。人と人を紹介するのが好きな人です。スタッフはたくさんいるのですが、ほとんどボランティアのようです。私もボランティアで、数年、本の紹介のコーナーを担当させていただいています。

この奥田さんが、五月の終わり頃電話してきて、雑誌『ＢＲＵＴＵＳ』の、「本屋好き」という特集に、定有堂が出ているのを見たよ、と喜んでくれました。この『ＢＲＵＴＵＳ』のご紹介は、思いがけない大事件で、嬉しいことだったのですが、なぜ今自分が、という疑問があったので、「なぜでしょうね？」とたずねました。奥田さんは、雑誌づくりの専門家だったので、「それはきっと、小さな本屋の中に、トレンド・リーダーともいえるモデルを探しているのかもしれないね」と説明してくれました。

「ビジョン」というと、先行きを長期的に見通す力、ですが、「トレンド」は、過去の文脈にそって、何かが始まろうとする直前の「動向」を読み取ることでしょうか？　数年前の二〇〇八年四月に、『中国新聞』が「活字の底力」という印刷・出版・教育などにわたる幅広い企画連載をされていて、四月二十九日付でご紹介いただいたのを機会に、六月に同じような内容で「緑地帯」というコラムに八回寄稿させていただいたことがあります。現在の展望、再生の力は、「底」にあるという解釈だったのでしょうか？　挿し木挿し木で繁茂した雑木林の疲弊をいま一度、「実生《みしょう》の木」、つまり「種」から植林しようという試みにも似ています。「種」がなんであったか、もう一度見つめ直そうということでしょうか。

いまは、時代の過渡期です。大きな物語も失われ、大きな動向は混沌としていて、見通しが立てにくくなっています。小さな動向の中にこそ、かろうじて、何かが読みとれていく時かもしれません。「底力」は、小さな動向の中にこそ、わかりやすく存在するのではないでしょうか。

小さな本屋の特性は、「引き算」にあるのかもしれません。「身の丈」への引き算です。小さな本屋は、時代の中で、できないこと・必要としないことを見極め、削ぎ落としていきます。メニューの多い料理店と、一つの得意料理で、一点突破で生き抜く、小料理屋の違いでしょうか。

今年の二月に、鳥取県中部の学校図書館の司書の方々の研修会を、定有堂書店で行いました。三十分ほど店内を見ていただいて、あと一時間ちょっと、二階の「定有堂教室」ルームで、私の「本屋トーク」を聞いていただきました。テーマは、「展示を考える」という課題でした。

市内には大きな書店もあるのですが、車で一時間以上もかけて、司書の方々が、なぜ小さな本屋の、定有堂に来てくださるのかな？　と不思議でした。

たぶん、「小さい」ということに、何かしら期待するものがあったのかな？　と考えました。後で、他の司書の方に聞いたのですが、定有堂のあと、同じ鳥取市内のある私立高校の図書室を訪問されたそうです。とても小さい図書室だそうです。ところが、小さく、予算も少ないのに、司書の方は、以前雑貨店に勤めていたこともあるらしく、選書や展示が独特で、工夫がとても斬新なんだ、とのことでした。その高校のある国語の先生が、「図書館の定有堂と呼ばれているのよ」と教えてくださいました。本当でしょうか？　お聞きしたとき、とても嬉しくなりました。

（1）低予算。（2）「雑貨」が隠し味。この二つが共通でしょうか。

研修会では、資料を二つ用意しました。

一つは、ちょうどそのころ話題になっていた『選択の科学』という本の書評のコピーです。わかりやすく要点が紹介されていたのです。食品店のコーナーに二十四種類のジャムを並べたときと、六種類のジャムを並べたときでは、品ぞろえの少ない方が圧倒的に売り上げがよかったという話です、選択肢を整理した方が、実は効果があるのだ、という主張でした。「あれもこれも」ではなく、「これとこれ」です。

もう一つは、たまたま前年の二〇一〇年に、県東部の鳥取市と中部の倉吉市の進学校で、講演されて評判だった、内田樹さんの、たくさんのご著書から、「学校で学ぶべきただひとつのこと」というエッセイのコピーを用意しました。内田樹さんは、定有堂でもファンの多い評論家です。人文書コーナーのキーになる方です。たぶん、いま、物を考えることに、大きなヒントを与えつづけられている人、だと思います。現在定有堂で一番売れている本は、「一冊読むならこの本を！」といち押ししているので、『態度が悪くてすみません』という新書です。

学校図書館と本屋をつなぐ、ヒントのようなものを感じたので、共通の視点・論点としたかったのです。

結論は、「必要なのは『知識』ではなく『知性』である」ということでした。知性というのは、マッピングする能力。「他の誰によっても代替不可能な場所」を特定すること、とおっしゃっています。

二つの資料が語っているのは、「引き算」ということです。多種多様なものを用意することが大事なのではなく、何を捨てるか。この場所がこの場所であるのはなぜか？　そんなところを突き詰めるところに、実は大きな起爆点・成長点がある、という考えかと思います。大きな書店は、その環境への進化適応ゆえに、多種多様な要求に、全方位的に適合し、どんどん巨大化していきます。勝ち抜き競争です。

小さな本屋は、余計なものを削ぎ落として、自分の立ち位置へと回帰していきます。「オリジン」なもの、「アーカイック」なもの、最初の志、情念のようなものを、見出せるか否かが、大事な何かのようです。

「本屋トーク」の中心は、「分類」よりも「アラカルト」、という私の方法論でした。大きな書店では、たくさんの選択肢の中から、最短時間で、求めているものにアクセスする、ということが、来店のお客さんにとって必要なこととなります。分類による「案内」のサービスです。いろんな意味で、「ファスト」なサービスが重要です。

小さな「本屋」は、もっと「スロー」な方向になじみます。

この司書の方々の研修会では、最初に三十分ぐらい店内を自由に見ていただいたのですが、その後、二階で、私が「本屋トーク」をはじめるとき、最初におこなったのは、自分がデジカメで撮影した店内の風景を見ていただくということでした。

「ご覧になった店内と、今見ている、この店内風景は、一緒でしょうか？」とまずお聞きしました。「気がつかなかった」とおっしゃる方も、「そうそう」とおっしゃる方もありました。一番嬉しかったのは、いまは猫本のコーナーに置いてある、招き猫の置き物に、気づいてくださった方がいたことです。これは、古くから親友付き合いしてくださった、日販岡山支店の友人が、岡山の招き猫博物館で見つけ、プレゼントしてくださったものです。その頃、合言葉は、「猫が好きな人は、本も好き」でした。その司書の方は、自分が高校生のとき、定有堂でこの置き物を見て、自分も招き猫のコレクションを始めた、となつかしく語ってくださいました。

店内には、ご縁があって親しくしていただいた方々からいただいた、そんな置き物やグッズがたくさんあります。

いま現在、入口には、首を傾げて、伏し目がちなロバのぬいぐるみがあります。店内風景の「オリジン・グッズ」です。

この伏し目がちなロバさんが気になった方は、きっと何かしら優しい気持ちで、店内に一歩を進めてくださいます。天井には、何かよくわからない、意味不明なものが吊り下がっています。地球儀や、洋風の竹の鳥籠、紙の筒にいろどり豊かなプリントが巻いてあるもの（これは図書館用のブッカーの芯に、雑誌のきれいなページを切り取って、貼り合わせたものです）。猫も空中に泳いでいます。紙細工の、何かきれいな、何か良いもの、もあります。

そんなこんなを見ていると、お客さんは、きっと、一瞬、自分がなんのために、この本屋に入ってきたのか忘れます。

自分の選書を、「カフェ・ブック」と呼んでいます。

自分がカフェが好きだからですが、きっと本好き、カフェ好きな女の子は、大切な女友だちと、カフェに行って、紅茶やコーヒー、そしてスイーツが運ばれてくるほんのつかの間、バッグから本を取り出して、女友だちに、「こんな本見つけた」と言って、さりげなくテーブルに置くのではないでしょうか？　ほんのつかの間で楽しめる本、そして、「あ、あなたこんな趣味だったの。私と一緒ね」、「きっと、そう言うと思った」。こんな心温まる光景を想像します。このさりげない一冊が、「カフェ・ブック」です。

ほんのつかの間に、心をとらえ、心を拡張させる本。ビジュアルなものもそうですし、身近な暮らしを肯定し、そして輝かせる、センスのいい本。伏し目がちのロバのぬいぐるみが、クスクス笑って機嫌よくなる本。そんなところに、本のワクワクを感じます。ビジュアルなメッセージを大切にしたいと思います。

棚の隙間にも、何か語りかけさせたい気持ちがあります。近くのカフェの方などが中心になって、年に二回ほど、店の裏の路地でフリーマーケットがあります。一箱古本市や雑貨です。周辺のお店の常連の方々が、自慢の逸品を持ち寄って、いつもは閑散としたこの路地が華やぎます。

この機会に、ビジュアル系の雑誌を、一冊百円程度ですので、たくさん買います。じつは、今井書店のとある店長さんも出店の常連で、雑誌、書籍、ＣＤなど、目をみはる出品です。やはり、私生活にこれだけの幅の広い自分の世界、という背景があるのだな、と驚嘆します。ちなみに、私がこの店長さんをとても尊敬しているのを知っていて、あるビジュアル系の版元さんのご担当は、出張ご来店の折、「この店長さんは最近こんなのがいいよ、とおっしゃってましたよ」と教えてくださったりもします。この店長さんが来店くださった折に、直接教えていただき、長い間必備しつづけているロングセラーもあります。『女生徒』や『女子中学生の小さな大発見』などです。店内用バックミュージックのCDを選んでくださったりもします。そして、この雑誌のきれいなページを切り抜いて、棚の隙間に貼るのです。面展の本を、ふと手に取ったとき、そこに思いがけない風景があったりします。手にした本が、さらに何かよいものだったように思えてきます。そうだったらいいな、と思います。

そんな、本を手にした後の余韻のような棚の語りかけを、私のデジタルカメラは、テレビに映し出しつづけました。

私にとっての「展示」とは、そんな、過剰なことをせずにはおられない、「本」とその環境への愛情のようなものです。

そう言えば、捨てるのがもったいなくて、絵柄のきれいな図書カードを、面展のすべり止めとして、半ば実用、半ばディスプレイとして、棚にたくさん飾っていました。私一人の遊び心だったのですが、今年の四月の太田出版発行の雑誌、『ケトル』の創刊準備号、特集「本屋が大好き！」の中のコラムで、サッカーの中田英寿選手の、「オリンピックのメダルより図書券が欲しい」という一九九六年の「語録」発言に続けて、「ちなみに、鳥取県にある定有堂書店は、その絵柄の美しさから捨てるのが忍びなく、使用済みの図書カードをディスプレイ代わりに使っているらしい」とご紹介くださっていました。中田選手と同等に語られる光栄に、びっくりしました。

聞けば、編集長さんが、たまたま鳥取方面へ旅行されていて、眼に留められ、気になってしょうがなかった、とか。定有堂を礎《いしずえ》で支えてくれているのは、じつは、案外、こんな店内の置き物や、切り張りの彩りなどかもしれません。

この号では、本来、「誌上再録！　あのフェアはすごかった」コーナーで、「CAFE BOOK……カフェがある。カフェに行く。そして一冊の本。」とネーミングしたフェアのご紹介での取材でした。

展示ですが、メインの面展、表紙が見えるように陳列したコーナーですが、分類と関係なく、アラカルトな品揃えをしています。アラカルト、といっても、最初に申しましたように、「あれもこれも」ではなく、「これとこれ」です。

伏し目がちなロバのぬいぐるみに心惹《ひ》かれて、店内に足を踏み入れてくれた人が、ロバさんのためにも何か買ってあげよう、と思ったときに、幅六メートルほどのガラスの面展コーナーに横一列に並んだ本の中から、「あ、これ、私のために置いてある」と目を留めて、手にしてくださるような、「これとこれ」です。

さらに、店内奥に足を進めていただければ、「読む会」や「シネクラブ・テイユウ」の今月の案内ポスターに出会います。読書会が好き、あるいは映画を語ることが好きなら、出合いは店内だけでなく、二階の「教室」へも広がります。いつか、ふと気がつけば、きっかけは、伏し目がちのロバさんだったことに、少し感謝の気持ちが動くかもしれません。

きつねの窓

時折、「定有堂の本の中で、人生が変わるような本はありますか？」と聞かれます。そういうときは、この本を案内します。『就職しないで生きるには』という本です。一九八一年刊の晶文社の本です。

自分が読んで影響を受けたの？　と聞かれますが、本屋を始めてから出会った本です。

タイトルがあまりに良すぎて、タイトルだけでメッセージが伝わりそうです。「自分がずっと考えていたことって、結局は、こういうことだったんだ」という意味で、この本の存在は重要です。一つの時代の精神であり、私が影響を受けた、時代のマインドです。オルタナティブとインディペンデント・スピリット。就職しない、独立自営、です。

今日、会場にいらっしゃるかと思いますが、今年の秋頃に出版予定の、本屋人物伝のようなものを書き上げられた、石橋さんに、昨年今年とたくさんの時間をいただいて語り合ったのですが、「奈良さんは、以前よく〈本屋の青空〉という言葉を、好んで使っていましたね」と言われ、そういえば「青空」って言葉、よく使っていたな、と思い出しました。実は、最近忘れていたのです。

小さな本屋の店内は、棚がひしめき合っているので、「窓」が少ない。でも、なぜか、「青空」を感じる、という流れの話です。

この「青空」という言葉に含めたイメージのひとつは、古いたとえです。伝わるでしょうか？戦後の焼け跡には、建物も灰燼《かいじん》と化していて、一面に青空が広がっていた、という再生・復活の象徴としての「青空」です。暴力的に「引き算」されたあとに残る、原型的なイメージです。

私はカフェが好き、と言いました。いろいろな意味で好きなのですが、ひとつは、引き算する場所、という意味もあります。

私は、コーヒーをいつも注文しますが、それとスイーツ、だいたいタルト系が好きですが、合わせて注文すると、ちょっと割高です。で、なるべく、この空間にいる時間を大切にしようと思います。少し、身近の非日常空間という気持ちになります。

一人で何をするか、というと、だいたい、いつも持ち歩いているバッグの中身の点検をします。やりかけのプラン。前に思いついていたけれど忘れていたアイデア。手帳のチェック。精神的に肥大し、自分を見失っていないか？　本当に自分がしたかったことと違う方向に行っていないか？

つまり、自分のビジョンの引き算です。引き算して、自分というオリジンに戻る場所、それが、私にとってのカフェ空間です。

他の人は、どうなのでしょう？　一人でカフェに座っている人は、おそらく、きっと、そうなのではないでしょうか？

本屋もそうなのだと、私は思います。本屋の店内には、本がたくさん並んでいます。あれも面白そう、これも面白そう、こんなのがあるとは知らなかった、などと、いろいろ戸惑っていただけたら嬉しいです。最初は何か目的があって店内に入ったとしても、入口のロバさんや、天井から吊り下がっているあれこれに、気をとられているうちに、なんで入ってきたか忘れてしまい、彩り多様なたくさんの本に、我を忘れていただけたら嬉しいです。

でも、ある一冊の本に出会ったときに、きっと「我に返る」のだと思います。それが、本屋の

「青空」、そして、本屋の「窓」だと思います。

本屋の店内とは、人が自分のオリジンに戻れる場所だと思います。いま自分に必要なのは、たくさんの本ではなく、この一冊だったのだと気づきます。「我に返る」のと、引き算するのとは、ライフスタイルの中では同じことです。

明日のことを考えようと店内に訪れた人が、我に返って、自分の忘れていた「記憶」と向き合う、という瞬間に「本屋の窓」は広がると思います。「我に返る」きっかけは、店内にいろいろありますが、面展の棚を見ていると、突然文庫本大の小さな鏡があったりして、小さな感情のさざなみが起きたりします。ビックリした、でも、思いがけなくて、忘れられない、などと言われます。

ところで、八月のはじめ、すぐ近くのカフェで、ある人とお茶をしました。昨年鳥取市から車で二時間ほど離れた、米子という町に転勤された国語の先生です。夏休みに入り、久しぶりに、鳥取の知人を訪ね歩いておられるそうです。人とのコミュニケーションを、大切なライフスタイルとしていて、本好きな友達の多い方です。

このカフェは、本を読んでいる人も多く、ミニ雑貨も扱い、選りすぐりの本もたくさんあり、お店のクオリティも高く、とても好きなお店です。よく人を連れて行くのですが、「鳥取で二番目にすてきなカフェです」と半ば冗談のように口にします。「え？　もっとすばらしい処があるのですか？」と問われるのを期待して、ですが。その一番のカフェは、実は、少し離れたところにあるのです。車で十分程度でしょうか。大きな自分所有のロフトの一画を、カフェに用いているお店です。自分で室内二階の壁に白いペンキを塗って、スクリーン代わりにしたり、行くたびにソファが替わっていたりと、とても手入れのいいお店です。カメラがたくさんあり、写真もされるのです。常設の写真ギャラリーもあります。

で、この先生もよく、書斎代わりに使われ、授業の準備をしたり、日記を書いたりと、聖域のような空間だったようです。

久しぶりの鳥取市で、行ってみたら、この七月いっぱいでもうカフェはなくなっていたのだそうです。とてもショックだったそうです。

近くのカフェでは、こんな話をしてくださいました。自分は『きつねの窓』という絵本を思い出した。ある人が森で迷い、子ぎつねの染めもの屋に出くわす。子ぎつねは人間の子どもに化けているのだけれど、ばればれ。結局子ぎつねにつき合い、親指と人差し指の四本をききょう色に染める。指で窓を作ると、その窓の向こうに、自分の大切なものが見えるのだ、という。見えるのは、今は失われ、そして大切だったもの。男は嬉しくなって家に帰るのだが、ついうっかり日頃の習慣で手を洗ってしまい、「窓」は消えてしまう。

自分にとって、お気に入りの店は、この窓の開ける場所で、お気に入りの場所がなくなると、窓も消えるのだ、という。

このききょう色の四本の指が作る「窓」は、オリジンの記憶へと導いてくれる。定有堂もそんな「窓」のひとつだから、頑張ってくださいね、という励ましの言葉をいただきました。この「窓」と「本屋の青空」は、同じ事柄を語っていると思います。

「窓」から見えるものは、長い間、たくさんの人たちが、「本」というものを見つめてきた、人間の想いと記憶なのではないかと思います。「本」の底力の一つとして、我に返らせる、という再生の原動力のようなものがあるのではないかと思います。うっかりすると簡単に失われる「きょう色の染めもの」のようなものかもしれませんが……。

本という徳俵

長時間、話をお聞きいただいて、ありがとうございました。本屋の話をする、ということは、話を聞いた、特に若い人が「自分も本屋をやってみたい」と思うような話をすることだ、と最初に申しましたが、いかがだったでしょうか？

私は、たぶん、とても個性的な、片寄ったキャラクターなのではないかと思います。夢見がち、というのでしょうか。でもこの夢は、時代の夢と、かなり重なり合う性質のものであったのではないかと思います。この夢とは、「本が好き」という夢です。

時代が再生の夢を抱き、古い過去に引きずられた「現実」を、新しい「理想」で改変していく時代があったと思います。この「理念」と「現実」の隙間や食い違いを埋めていくものが、「書物」であったのだと思います。

本が好き、というのは、実は自分でもよく説明のつかない事柄であったのではないかと思います。好きなことだけしたい、と引き算し続けたら、そこには「本が好き」というライフスタイルしかなかった、ということかもしれません。本が好き、という言葉で、一種しり込みしながら世間から後退していく。こぼれ落ちる寸前の土俵際に、もう一度後ろ足を支えてくれる、相撲でいうところの「徳俵」のように、人生の底をついて、なお立ち上がるものとして「本」があり、そのような場所で「本」に出会ったという物語と、そして本を読むだけでなく、本を売るという思いがけない歩みを始め、歩みつづけてきたという物語を語ってみました。何かひとつでもご参考になることがあれば、幸いです。ありがとうございました。

定有堂書店の生成変化

定有堂書店の生成変化、表層がはがれ落ちて、組み換えが始まる、というお話をさせていただきます。

定有堂という本屋について、理論的に考えたことは、ありません。本が好き、本屋が好き、本屋が好きな人が好き、これだけだったかと思います。また、「身の丈」という言葉も好んで用いてきましたが、この三つが「本屋の身の丈」の中身だったと思います。あるときから本屋は小さい方がいいと思うようになりました。そして往来にあり、袖が触れ合うような関係で普通に成り立つ、町の本屋を意識するようになりました。大きな書店よりは小さな本屋がいい、前者は空間本位、後者は人本位という意味で「本屋は人だ」と同義的に使ってきました。

ミニコミ出版、自分の工夫で本を集める、そして集めた本が読者の目に留まり、その工夫が発見されること、そうした本屋の中の本にはじまる小さな「驚き」、それを称して「本屋の青空」とも呼んできました。本にはじまるところのなにかが開ける「驚き」は、語り合ってみたいという絆を生み出します。読書会のはじまりはそんな「本の力」にあったかと思います。

できたこと、できなかったこと、そもそも何をやりたかったのか、この四十三年の振り返りはまだ自分のなかでうまく形をなしていません。でもそういうことが今この場で求められているのではないかと思います。

定有堂のミニコミ出版物『音信不通』の最新号（第八十三号）にある大学院生が「定有堂を知らない子どもたち」というタイトルでエッセイを寄稿しています。今年一年の間休学に入りゲストハウスを中心に旅しているときに、繰り返し「定有堂が閉店した」とささやかれるのを耳にし、自分の目で確かめようと読書会に参加したのです。しかしすでに店舗は閉店しており、ある意味「間に合わなかった」「遅れてきた」青年だったのです。この青年の求めに応じて読書会の翌日二人で七時間近く話し合いました。そして寄稿したエッセイの文末が、「定有堂は初めて、外部に直面している」という心に刺さる結びの言葉でした。

「身の丈」「ビオトープ」とか縮小・縮減が定有堂の生息域・テリトリーでした。定有堂の身の丈の世界には「青空」があり、「ここから何かをはじめよう」という呼びかけはじつに簡明な響きだったのですが、青空は生成変化の中へ流動し、つまり本がなくなり「定有堂を知らない子どもたち」に語りかけるにも、もう残されたのは言葉だけになりました。身の丈の話ですから小さな声でしか語られないものです。

定有堂の刊行物『伝えたいこと』には「小さな声を外部のものが解釈すると別のものになる」という（これは定有堂の心情ですが）キャッチコピーをつけています。でもこれからは「外部」と出会い始めていくのかもしれません。

閉店は現実のものであり、唐突に「外部」と出会わなければならないものでした。この外部とどう向き合えばいいのかわからずメディアの取材はすべてお断りしました。小さな声と大きな声の通路が見つからなかったのです。幸いご理解をいただき、静観してあたたかく見守られる中での閉店が実現できました。しかし「外部」はそんな思い悩みとは関係なしにやはり存在しました。

このフォーラムの案内を、実行委員の齋藤明彦元図書館長さんがSNSでしていました。「四月に閉じた定有堂の検証のお知らせ」とテーマを簡潔にまとめておられました。なるほど「検証」かと、指針と方向性に気づかせていただきました。

「検証」というと事件の現場検証とか、仮説の検証とかものものしい感じがしますが、たぶん「記憶の整理」ということかと解釈しました。齋藤さんはかつて「棚卸し」という言葉をよくお使いになっていました。いらないものは整理し捨て去り、使えるものは整頓し役立てる、という現実主義的な行動原理であったかと思います。

戸惑いの中で外部には閉店の告知を避けていたのですが、店内レジ横に来店客向けに「閉店お知らせのチラシ」を最初に貼ったのとほぼ同時に、詩人の白井明大さんがSNSで簡潔に事実だけ告知されました。

驚いたことにこの一報で全国に情報が拡散しました。「なぜ？　どうして？」という問い合わせが殺到するのが予測されたので、もう少し詳細な情報が必要なのではないかと、後追いで齋藤さんがチラシの画像付きで告知してくださいました。

この二つだけで「外部」に十分に情報が伝わりました。定有堂と深くかかわりのあった四十三年の間の知人が訪れてくれました。

ところで定有堂の小さな内向きの声は「外部」に伝わりにくいと思っていたのですが、いまだ戸惑いの中にあるわたしよりも「記憶の整理」がなされているという事実におどろきました。これはありがたい振り返りの指針でした。まずはこの外部の「記憶の整理」をたどっていきたいと思います。外部の三つの声です。

その一

まず最初に目に留まったのは、三月十五日の「地方・小出版流通センター通信」で川上賢一社長が「後継者はいないのか？」という反復される問いに答えて、コメントしてくださっていました。

「元書店員だった友人は言います。『あれだけメッセージ性の強いお店を作ると、それはもう個性さえも通り越していて、おそらく誰もがあの枠に入ることは不可能というか、そもそも誰かに……と考えることが不毛です。奈良さんに始まり、奈良さんで気持ちよく終わるのが宿命かと思います』と」

最大の贈る言葉だと感謝しています。

定有堂の刊行物に『伝えたいこと』という書物があります。一九九八年刊行で著者は濱崎洋三先生、県立図書館の二代目の館長さんでもありました。定有堂教室「読む会」の創設者です。この本は川上社長のご厚意で現在も流通の中で生命を保っています。温かいお気持ちに、そして先ほどの言葉を拾い掲載してくださったことに感謝しています。

ここで心に刺さったのは「メッセージ性の強い」という言葉です。気になります。そしてここに定有堂にとって大事な何事かがあると思われました。

「検証」という面で、定有堂が何であったか、この「メッセージ性が強い」という一言が入り口なのかなと思われました。

その二

本屋開業を志す人たちが、定有堂を訪れるきっかけになったことの一つに、一九九四年発売の『物語のある本屋』があります。定有堂について長岡義幸さんがレポートしてくださっています。反響を呼んだ本です。その長岡さんが四月二十日の「ｗｅｂ論座」に定有堂閉店に寄せて記事をお書きになっています。

まとめてみますと、「個性」の五つのことがらです。
（1）小さな本屋という空間的な制約を突破しようとした。
（2）その手立てのひとつとして「人文書でおともだち」というキャッチフレーズを掲げながら

「ミニコミをつくるような気持ちで本屋をつくってきた」ことにある。
（３）本屋をミニコミに見立て、お客と書店という関係を超える「物語」を一緒につくっていこうと考えた。
（４）物理的に限界のある書店という空間を、ミニコミ的場として解放することで空間的な制約を突破しようとした。
（５）いや、実際に紙のミニコミ誌をお客とともに作り、店頭で配ってきた。「人文書でおともだち」というのは、イメージ戦略的なキャッチコピーではなく、実態としてまったくその通りのものだった。
　このとりまとめも「メッセージ性」の中身を紹介するものだと思います。こんなふうに理解してくださっていたことに驚いています。

その三

　これは岩田直樹さんに教えてもらい後追いの「聴き逃し」で聞いたのですが、閉店について荻窪の「本屋Ｔｉｔｌｅ」のご主人辻山良雄さんが「ラジオ深夜便」で五月二十一日に紹介してくださっていました。
　全国放送で、定有堂を全く知らない人たちを含めて幅広く閉店を告知してくださったので「記憶」という面では大きなとりまとめかと思いました。少し長くなりますが、ご紹介したいと思います。

《陳列方法などだけではなく、人口が少ない地方の町でも、書店がその町の中で、文化の拠点になりうることを証明した店だと思います。例えば、いま全国の多くの書店で行われているような読書会や、店内で発行しているフリーペーパーという活動も、長年続けていらっしゃいました。「この店に来れば何か知的なものに触れることができる」ということを感じていた人も、近所には多かったのではないでしょうか。

奈良さんは、「本のビオトープ」という言葉をよくインタビューで語ったり、文章に書かれてこられました。ビオトープとは多種多様なものたちが、その中で生息できるような空間のこと。本は一冊一冊すべてその内容は異なりますが、それぞれの本を書く人、それに携わった人の思いを含みながら、書店という空間の中であたらしい芽をはぐくんでいこうという土壌づくりを、わたしはこの言葉から感じました。》

辻山さんは「ラジオ深夜便」で、じつは二回にわたって定有堂のことを取り上げてくださいました。四月十六日、五月二十一日の二回です。伝えたかったことをまとめると四つの事柄だったと思います。

（1）人口が少ない地方の町でも、書店がその町の中で、文化の拠点になりうることを証明した。
（2）種をまいた。「この店に来れば何か知的なものに触れることができる」という種です。
（3）読書会の開催、フリーペーパーの発行。
（4）ビオトープの提唱（「本のビオトープ」は冊子『音信不通』の副題です）。書店という空間の中であたらしい芽をはぐくんでいこうという土壌づくり。

自分ではまだ気持ちの整理ができないのですが、一九八〇年に自分で創業し、二〇二三年に役割を終え、無事閉店したという時間の長さを皆さんのコメントの中に感じることができました。「長く続いたということの意義」を考え始めています。

本屋づくりの方法論としては、よく「商店十年説」ということを口にしてきました。どこかで耳にした話だとは思うのですが、もう引用元もわからず、自分の解釈になってしまっています。「初発衝動」の強さというものが小さな本屋では大事です。「やりたいからやる」という「情念」です。本とか人とか、この「情念」に共鳴してくるものがあり、本屋が形成されます。身の丈を超えなければ往来、町角での共鳴が凝縮して「町の本屋」というものが誕生します。この共鳴を育むものが「物語のある本屋」です。本屋には「物語」が必要だと思います。この生成を外部から見ると「個性的本屋」ということになります。

ところでこの「個性」には賞味期限があり、ほぼ十年だろうというのが「商店十年説」です。十年を過ぎると持続するためには「個性」を超えたものになる必要があります。

さきほどの外部の「記憶のとりまとめ」はわかりやすい話だったと思うのですが、自分で「記憶」を整理しようとしはじめると、どうもだんだんわかりにくい話になってしまい、申し訳なく思います。

十年たった個性、そこでどうするかですが、賞味期限のきた「個性」に継ぎ足し継ぎ足しすると、何か別のものになってしまうのではないか、という気がしました。個性の肥大ですね。雑貨、カフェとかはやはり継ぎ足しに思えました。何を自分の初発衝動の達成と考えるか、何を成功と自分でジャッジするか、ですね。

賞味期限が来ているのですから、変わるしかありません。十年ごとに個性を変えるわけです。でもそれは「本」という「身の丈」の世界の中での出来事だと考えました。本を集め本を並べ、目に留めたお客さんが発見する、この狭い中での変化だと考えました。「カフェで読む本」「遅れて読む本」「暮らしを考える本」「哲学する本」こういう切り口が展開されました。「本」を超えた人との付き合いは必要と考えなかったのです。

本屋を営む「個性」は何度も変わらなければなりません。ただしすべては本屋の中での「物語」です。集めた本を人が発見できるか、発見し尽くされたら集め方を変える。集め方には限界があります。自分の個性が集めるからです。しかし、集めた本を組み替えさせるような出来事がありますそれは人との出会いです。一冊の未知の本を一人の人が、焚き火に継ぎ足すようにもたらす場合があります。町の本屋って「焚き火」なんですね。集めた本が作り出す世界、本屋の青空は焚き火のようなものです。通りすがりの人が何かぬくもりを感じて立ち寄る。集めた本を発見してくれる人がいないと、この火は頼りのないものになります。本を買ってくれる人は「薪」を一本置いていってくれる人です。昨日あったように今日も焚き火が続きます。ある日珍しい「薪」を一本置いていく人が登場します。焚き火の炎が変わります。四十三年、そのようにして定有堂という町の本屋の焚き火が消えることなく、それだけでなく輝きに磨きをかける日々が続きました。

二〇二三年の一月に一つの歌を知りました。ますます、わかりにくい話になって申し訳ありません。

《淡雪《あはゆき》の中に顕《た》ちたる三千大千世界《みちおほち》またその中に沫雪《あわゆき》ぞ降る》

三千大千世界は世間一般の意味です。若い歌人の友人に尋ねたら、「三千世界の烏《からす》を殺し、ぬしと朝寝がしてみたい」、の三千世界だと教えてくれました。

良寛の歌です。淡雪と沫雪、字は違いますが、読みは同じです。正しい解釈はわかりません。入れ子構造になった世界の現前というのに心惹かれました。

「変わるもの」の中に「変わらないもの」がある。これも入れ子構造です。本屋の持続のためには自分の個性は取り替えのきくものと思ってきました。持続のためには役割の終えたものは脱ぎ捨てていって、できるだけシンプルにしていく、縮小、縮減する。四十三年過ぎて淡雪と沫雪の光景を目にしたとき、淡雪が消えて沫雪が残るという個性の果てに気づきました。

数年前から「読書」に追い越されるということを口にしてきました。追い越されるものは「本屋」です。淡雪の中で沫雪が存在感を増していったのです。

物語のある本屋というのは読者と本屋の出会いのことです。出会うことによって定有堂では「読む会」をはじめたくさんのサークルが生成しました。最初の「心理学講座」の講師であった鳥取大学の先生は「町の寺子屋」だね、といい、サークル全体を「定有堂教室」と名付けました。「読む会」が一番長く三十五年続いています。最近は「ドゥルーズを読む会」、そして関西で「読書室」という「読書」の可能性を追求している三砂慶明さんに啓発されて、便乗した形で「読書室ビオトープ」という小説を中心に読んでいく会も立ち上げています。はじめて外部の影響を明らかにしたサークルです。先日の会では課題本をレポートする人の話を聞いて「小説って、こんな風に読むんだ」と心身が震える体験をしました。

そして、出版物小冊子『音信不通』があります。月一回の刊行で八十三回です。約七年です。副題に「本のビオトープ」とつけています。

本屋の中に入れ子構造的にあったサークル、そしてミニコミ誌というのは一体何だったんだろうと思います。淡雪と沫雪にたとえられるような光景だったのかなと思います。

淡雪は消え、沫雪は残りました。雪ですから、いつかは消えるのかもしれません。しかし「記憶」からは消えません。消えないように今日県立図書館さんが「記憶」の整理整頓を行う機会を与えてくださっているのだと思います。

閉店後もサークルそして『音信不通』は継続しています。何一つ変わりません。『音信不通』の副題もそのまま「本のビオトープ」ですが、もう一つ付け加わりました。それは、「学びあう人々のために」です。

最後に残った「沫雪」また「結晶」が、この「学びあう人々のために」かと思います。「本のビオトープ」と「学びあう人々のために」という言葉に未来へ手渡す「記憶」があるとすれば、それは「読書と思索」ということかと思います。

忘れられない記憶の一つなのですが、定有堂が開店する直前、ある新聞社の方が見出しに「本が好きな人が本屋を始める」と書いてくださいました。この一言は大きな舵取りでした。この一言が地域の人たちとのご縁を開いてくれました。いま本屋が閉じました。四十三年前に時計のネジが巻き戻されるような気がします。「本屋」が消え、残ったのは「本が好きな人」です。でも巻き戻されたネジが今度は「読書と思索」という結晶へ向かって解き放たれて行くのに、ある種解放感を感じています。

定有堂の生成変化、表層がはがれ落ちて、組み換えが始まる、というお話をさせていただきました。

記憶の整理そして「読書と思索」という結論まで、今日この鳥取県立図書館で考えることができたことを最大の喜びといたします。

ありがとうございました。

定有堂書店の本棚
往来のベーシックセオリー

奈良敏行さんに定有堂書店の本棚の一部を再現していただきました。

ここでは十二のテーマをもとに、十冊ずつ選書し、本を並べています。

定有堂書店のベーシックセオリーの土台は、読者の「こころ」です。店頭では、本の表紙が見えるように面陳し、手に取りやすい文庫を中心に、読者の気分にあわせて本棚を耕し続けました。（編者）

（写真・堀内菜摘）

どこまでいっても「ひと」の思考

『「利他」とは何か』伊藤亜紗編、中島岳志、若松英輔、國分功一郎、磯﨑憲一郎著（集英社新書、二〇二一）
『持たない幸福論』pha（幻冬舎文庫、二〇一七）
『ほんとうの味方のつくりかた』松浦弥太郎（ちくま文庫、二〇一七）
『承認をめぐる病』斎藤環（ちくま文庫、二〇一六）
『日本語をどう書くか』柳父章（角川ソフィア文庫、二〇二〇）
『ヨコハマメリー』中村高寛（河出文庫、二〇二〇）
『知的複眼思考法』苅谷剛彦（講談社文庫、二〇〇二）
『ぼくたちに、もうモノは必要ない。増補版』佐々木典士（ちくま文庫、二〇一九）
『桜のいのち庭のこころ』佐野藤右衛門著、塩野米松聞き書き（ちくま文庫、二〇一二）
『名セリフ！』鴻上尚史（ちくま文庫、二〇一一）

ちいさな道しるべと自己肯定

『雨のことば辞典』倉嶋厚、原田稔編著（講談社学術文庫、二〇一四）
『はたらかないで、たらふく食べたい　増補版』栗原康（ちくま文庫、二〇二一）
『スモールハウス』高村友也（ちくま文庫、二〇一八）
『深呼吸の必要』長田弘（ハルキ文庫、二〇一八）
『つながりの作法』綾屋紗月、熊谷晋一郎著（NHK出版生活人新書、二〇一六）
『セルフビルドの世界』石山修武、中里和人著（ちくま文庫、二〇一七）
『ウォールデン　森の生活』上下、ヘンリー・D・ソロー著、今泉吉晴訳（小学館文庫、二〇一六）
『ちいさな城下町』安西水丸（文春文庫、二〇一六）
『普段着の住宅術』中村好文（ちくま文庫、二〇二〇）
『アルケミスト』パウロ・コエーリョ（角川文庫、一九九七）

地図と土地とは違う

『日々が大切』大橋歩（集英社文庫、二〇一〇）
『伝えたいこと』濱崎洋三（定有堂書店、一九九八）
『猫語の教科書』ポール・ギャリコ著、灰島かり訳、スザンヌ・サース写真（ちくま文庫、一九九八）
『のんのんばあとオレ』水木しげる（ちくま文庫、一九九〇）
『BEFORE THEY PASS AWAY 彼らがいなくなる前に』ジミー・ネルソン著、神長倉伸義訳（パイ インターナショナル、二〇一六）
『ムーミンのふたつの顔』冨原眞弓（ちくま文庫、二〇一一）
『樹木たちの知られざる生活』ペーター・ヴォールレーベン著、長谷川圭訳（ハヤカワ文庫NF、二〇一八）
『自分をいかして生きる』西村佳哲（ちくま文庫、二〇一一）
『ねこに未来はない』長田弘（角川文庫、一九七五）
『奴隷のしつけ方』マルクス・シドニウス・ファルクス著、ジェリー・トナー解説、橘明美訳（ちくま文庫、二〇二〇）

豹変する

『沈黙の春』レイチェル・カーソン著、青樹簗一訳（新潮文庫、二〇〇四）
『倚《よ》りかからず』茨木のり子（ちくま文庫、二〇〇七）
『ナラティヴ・アプローチ』野口裕二（勁草書房、二〇〇九）
『アップデートする仏教』藤田一照、山下良道著（幻冬舎新書、二〇一三）
「幕末」に殺された女たち』菊地明（ちくま文庫、二〇一五）
『つくられた卑弥呼』義江明子（ちくま学芸文庫、二〇一八）
『読んでいない本について堂々と語る方法』ピエール・バイヤール著、大浦康介訳（ちくま学芸文庫、二〇一六）
『マルチバース宇宙論入門』野村泰紀（星海社新書、二〇一七）
『人生が変わる宇宙講座』ニール・ドグラース・タイソン著、渡部潤一監修、田沢恭子訳（ハヤカワ文庫NF、二〇二〇）
『沢田マンションの冒険』加賀谷哲朗（ちくま文庫、二〇一五）

このままでよいということ

『日本人はどう住まうべきか?』養老孟司、隈研吾著（新潮文庫、二〇一六）

『わたしの中の自然に目覚めて生きるのです 増補版』服部みれい（ちくま文庫、二〇一九）

『詩と死をむすぶもの』谷川俊太郎・徳永進（朝日文庫、二〇一五）

『トラウマ文学館』頭木弘樹編（ちくま文庫、二〇一九）

『奇想版 精神医学事典』春日武彦（河出文庫、二〇二一）

『ないもの、あります』クラフト・エヴィング商會（ちくま文庫、二〇〇九）

『逃走論』浅田彰（ちくま文庫、一九八六）

『ブルースだってただの唄』藤本和子（ちくま文庫、二〇二〇）

『心の起源』木下清一郎（中公新書、二〇〇二）

『この世界が消えたあとの科学文明のつくりかた』ルイス・ダートネル著、東郷えりか訳（河出文庫、二〇一八）

結果を左右できないことにコミットしない

『向田邦子ベスト・エッセイ』向田邦子著、向田和子編（ちくま文庫、二〇二〇）

『華氏451度　新訳版』レイ・ブラッドベリ著、伊藤典夫訳（ハヤカワ文庫SF、二〇一四）

『懐かしい未来　増補改訂版』ヘレナ・ノーバーグ＝ホッジ著、鎌田陽司監訳（ヤマケイ文庫、二〇二一）

『ねむたいひとたち』M・B・ゴフスタイン著、谷川俊太郎訳（あすなろ書房、二〇一七）

『減速して自由に生きる』髙坂勝（ちくま文庫、二〇一四）

『岸辺の旅』湯本香樹実（文春文庫、二〇一二）

『カムイ伝講義』田中優子（ちくま文庫、二〇一四）

『青春漂流』立花隆（講談社文庫、一九八八）

『図説　写真小史』ヴァルター・ベンヤミン著、久保哲司編訳（ちくま学芸文庫、一九九八）

『園芸家12カ月』カレル・チャペック著、小松太郎訳（中公文庫、一九九六）

同じでないが似ている

『田舎暮らしに殺されない法』丸山健二（朝日文庫、二〇一一）
『劇画　ヒットラー』水木しげる（ちくま文庫、一九九〇）
『ヘタな人生論よりイソップ物語』植西聰（河出文庫、二〇〇七）
『動物と人間の世界認識』日髙敏隆（ちくま学芸文庫、二〇〇七）
『少年滿洲讀本　復刻版』長與善郎著、四方田犬彦解説（徳間文庫カレッジ、二〇一五）
『詩歌《しいか》の待ち伏せ』北村薫（ちくま文庫、二〇二〇）
『琉球の時代』高良倉吉（ちくま学芸文庫、二〇一二）
『動物農場　新訳版』ジョージ・オーウェル著、山形浩生訳（ハヤカワｅｐｉ文庫、二〇一七）
『裏が、幸せ。』酒井順子（小学館文庫、二〇一八）
『肩胛骨《けんこうこつ》は翼のなごり』デイヴィッド・アーモンド著、山田順子訳（創元推理文庫、二〇〇九）

もう一冊だけ買って帰ろう

『重力と恩寵』シモーヌ・ヴェイユ著、田辺保訳（ちくま学芸文庫、一九九五）
『ナリワイをつくる』伊藤洋志（ちくま文庫、二〇一七）
『千年の読書』三砂慶明（誠文堂新光社、二〇二二）
『バーボン・ストリート・ブルース』高田渡（ちくま文庫、二〇〇八）
『なぜ宇宙は存在するのか』野村泰紀（講談社ブルーバックス、二〇二二）
『目的なき人生を生きる』山内志朗（角川新書、二〇一八）
『チャリング・クロス街84番地』ヘレーン・ハンフ編著、江藤淳訳（中公文庫、一九八四）
『人間の条件』ハンナ・アレント著、志水速雄訳（ちくま学芸文庫、一九九四）
『苦海浄土　新装版』石牟礼道子（講談社文庫、二〇〇四）
『自分の仕事をつくる』西村佳哲（ちくま文庫、二〇〇九）

残念を抱える

『蘇我氏の正体』関裕二（新潮文庫、二〇〇九）

『脳には妙なクセがある』池谷裕二（新潮文庫、二〇一八）

『簡単に暮らせ』ちゃくま（だいわ文庫、二〇二〇）

『ねじ式／夜が掴む』つげ義春（ちくま文庫、二〇〇八）

『現実脱出論　増補版』坂口恭平（ちくま文庫、二〇二〇）

『日々是好日《にちにちこれこうじつ》』森下典子（新潮文庫、二〇〇八）

『禅談』澤木興道（ちくま文庫、二〇一八）

『さよならを言うまえに』太宰治（河出文庫、二〇〇九）

『伊藤比呂美の歎異抄』伊藤比呂美（河出文庫、二〇二一）

『普通の人びと　増補』クリストファー・R・ブラウニング著、谷喬夫訳（ちくま学芸文庫、二〇一九）

名乗ることで初めてそれになる

『日々の整体　決定版』片山洋次郎（ちくま文庫、二〇一八）
『他者と生きる』磯野真穂（集英社新書、二〇二二）
『発声と身体のレッスン』鴻上尚史（ちくま文庫、二〇一二）
『アフガニスタンの診療所から』中村哲（ちくま文庫、二〇〇五）
『闇の左手』アーシュラ・K・ル・グィン著、小尾芙佐訳（ハヤカワ文庫ＳＦ、一九七七）
『人はなぜ物語を求めるのか』千野帽子（ちくまプリマー新書、二〇一七）
『間違う力』高野秀行（角川新書、二〇一八）
『編集とは何か。』奥野武範取材・構成・文（星海社新書、二〇二二）
『はじめての短歌』穂村弘（河出文庫、二〇一六）
『食卓一期一会』長田弘（ハルキ文庫、二〇一七）

なにも知らないけれどすべてを知っている

『木の教え』塩野米松（ちくま文庫、二〇一〇）
『「具体⇅抽象」トレーニング』細谷功（PHPビジネス新書、二〇二〇）
『自然にふれて取りもどす人間の基本』スノーピーク監修（マガジンハウス、二〇一五）
『料理の四面体』玉村豊男（中公文庫、二〇一〇）
『フラジャイル』松岡正剛（ちくま学芸文庫、二〇〇五）
『地球の長い午後』ブライアン・W・オールディス著、伊藤典夫訳（ハヤカワ文庫SF、一九七七）
『地球のレッスン』北山耕平（ちくま文庫、二〇一六）
『138億年の音楽史』浦久俊彦（講談社現代新書、二〇一六）
『宇宙船地球号操縦マニュアル』バックミンスター・フラー著、芹沢高志訳（ちくま学芸文庫、二〇〇〇）
『味見したい本』木村衣有子（ちくま文庫、二〇一八）

たった一人の共同体

『絶望名人カフカの人生論』フランツ・カフカ著、頭木弘樹編訳（新潮文庫、二〇一四）
『生きるかなしみ』山田太一編（ちくま文庫、一九九五）
『半農半Xという生き方　決定版』塩見直紀（ちくま文庫、二〇一四）
『湯殿山の哲学』山内志朗（ぷねうま舎、二〇一七）
『ちいさな桃源郷』池内紀編（中公文庫、二〇一八）
『庭仕事の愉しみ』ヘルマン・ヘッセ著、フォルカー・ミヒェルス編、岡田朝雄訳（草思社文庫、二〇一一）
『日本人はなぜキツネにだまされなくなったのか』内山節（講談社現代新書、二〇〇七）
『脳はなぜ「心」を作ったのか』前野隆司（ちくま文庫、二〇一〇）
『うつ病九段』先崎学（文春文庫、二〇二〇）
『旅をする木』星野道夫（文春文庫、一九九九）

あとがき　一冊の本の衝撃

本をたくさん読んだ果てに何があるのでしょう。

定有堂書店には、ところどころ見え隠れに「一冊の本の衝撃」といったメッセージが棚にありました。本が好きだから好きという世界には、欲望はありますが目的も対象もありません。「一冊の本の衝撃」というのは一冊の本が「驚き」をもたらすということです。「驚き」は自分と世界を開きます。

本が好きで、それ故人生の一歩がなかなか踏み出せなかったという経験はないでしょうか。目的もなくひたすら本に耽溺するわけですが、それとは別のところにあるのが日常の暮らしというものです。本を読むのは楽しい、でもその楽しさが所を得るのは稀有なことです。

一冊の本はたしかに役にも立ちます。しかしそれは小さな問いに対してのみです。本を読んでも大きな問いに対しては永遠に解答が与えられません。問いが深まるばかりです。

迷いの中で真っ直ぐに往くというのは、左右いずれかの路を選ぶことによって取りこぼされるもの、振り落とされるものを手放さないということです。棚にある本はじっくり眺めればこれでもなくあれでもなく、真っ直ぐにもう一つ別の選択肢を教えてくれています。

本が好き、いつまでも解答を与えてくれないから本が好き。それでもいいではないか、それだからいいのだと納得した人の読書に、一番の幸せがあるようにも思えます。歩行には目的がありますが、舞踏にはありません。どこへも行く必要がないからです。このような巡り合わせで生きる人のことを「本好き」というのでしょうか。

わたしはオブセッションという言葉が好きです。知りたいから知りたい、本を読みたいから読みたい、そういう欲望が外部へ流れ出ないでぐるぐる回転している状態です。オブセッションという固定観念も受け入れてしまえば、それはそれで自分の特性です。

町の本屋にはなるべく目的なしに入るのがいいかもしれません。生きるのに迷ったとき、辻占《つじうら》を求めるように往来に本屋を見出すのが最高の僥倖《ぎょうこう》です。そこには「本屋的人間」が働いています。本屋的人間というのは「いのち」を使い切る、その手立てとして「本」しか思いつかなかった人のことです。

自分を変えられる本に出合うことがあるかもしれないし、ないかもしれない。そしてそんなことのすべてを忘れた頃に立ち現れる本があれば、それは衝撃の一冊。町の本屋の風景とはそのようなものです。

二〇二三年十月

奈良敏行

編者後記

三砂慶明

鳥取に、全国の書店員が通う「聖地」がありました。

その名前を定有堂書店といいます。

定有堂書店は、店主の奈良敏行さんが一九八〇年十月十日に、鳥取市の目抜き通り、若桜街道に開業した町の本屋です。若桜街道は、ＪＲ鳥取駅から鳥取県庁を結ぶ国道で、行政機関の他に鳥取赤十字病院や鳥取県立図書館、県立鳥取西高等学校、鳥取城跡などの歴史や文化施設をつないでいます。

定有堂書店は、若桜街道を駅から約七百メートルほど進んだ中ほどにあり、街道と十字に交わる袋川をまたぐ若桜橋を渡ってすぐそばの町角にありました。

店主の奈良さんは、一九四八年十月二十六日生まれ。

いわゆる団塊の世代で、高校までは長崎市で育ち、一九七二年に早稲田大学第一文学部を卒業します。大学卒業後は、松竹本社演劇部興業課に入社し、全国を巡業しました。東京に戻ってくると、高田馬場の自主講座グループ「寺小屋教室」に通って、哲学の探究や文芸批評を続けていました。研究と執筆に集中するために松竹を退社し、郵政職へと仕事を変えますが、大学で知り合った奥様の故郷、鳥取に移住することとなり、友人たちからのすすめもあって、思い切って本屋を開業します。

定有堂書店は、今でこそ珍しくはありませんが、全国の書店で実施されている読書会やフリーペーパーといった取組みの先駆的な存在でした。

本の陳列方法も独特で、「雑誌」や「文芸書」といった書店の分類ジャンルや本のサイズではなく、本の中身やテーマで本棚を編集する「文脈棚」の源流としてもよく知られていました。

二〇二三年四月十八日にその暖簾《のれん》を下ろすまで、「本を並べること」「読書会をすること」「ミニコミ誌をつくること」の三つを柱にして営業を続けました。

本屋が本好きの集まる場所であり続けるために、誠意を尽くして読者と本との親密な関係を温め続けました。

この本は、定有堂書店の四十三年にわたる歴史の中で、奈良さんが発表してきた文章に加筆修正し、書き下ろしの原稿を加え、編者が再構成したものです。

書店、本屋、聖地

私が定有堂書店をはじめて知ったのは遅く、雑誌『BRUTUS』第七百九号（二〇一一年六月一日号）の特集「スタイルのある全国の本屋200店」内の記事「なぜ、鳥取駅前の商店街にあるこの本屋を、全国から書店員が詣《もう》でるのか?」でした。この記事は、定有堂書店がなぜ「聖地」とよばれているのか、その謎を解き明かすべく、ブックディレクターの内沼晋太郎さんが店主の奈良敏行さんを取材した対談企画です。結局、その謎は解き明かされないまま対談は終わりますが、奈良さんの言葉が印象に残りました。

「書店」というのは、本という商品を扱い陳列してある「空間」。広いほどいいし立地も単純明快な方がよく、サービスの質をどんどん向上させていくものです。「本屋」はどちらかというと「人」で、本を媒介にした「人」とのコミュニケーションを求める。

（『BRUTUS』第七百九号、三十四ページ）

私が書店で働きはじめたのは三十代半ばと遅く、本を売るとはどういうことかを学ぶために、本屋の人が書いた本や雑誌を集めて読み続けていました。その中でも奈良さんの定義は印象的で、そんな考え方があるのかと、本屋や書店の見方が変わりました。それからは意識して奈良さんの記事を集めて読むようになり、恭文堂書店の田中淳一郎さんとの共著『街の本屋はねむらない』（アルメディア）も手に入れて読みました。この本は、一九九六年、鳥取県大山町で開かれた出版業界の関係者が集まる勉強会「本の学校——大山緑陰シンポジウム」で奈良さんと田中さんが行った講演を収録したものです。奈良さんが、「書店」は場所であり「本屋」は人である、と定義した背景そのものが語られていました。四半世紀以上前の講演にもかかわらず、今読んでも古びていません。それどころか、出版物の販売金額が二兆六千五百六十四億円とピークを迎えた一九九六年に、本屋の退潮を予見していることにまず驚かされました。多くの人が浮かれていた時代に、これから先、小さな町の本屋から大型書店へのスクラップアンドビルドが進んでいくと語り、町の本屋には一体どんな未来が待ち受けているのか、そのことを奈良さんは出版業界の全盛期に、一つ一つ言葉を選びながら考えていたのです。

奈良さんは、まず「町の本屋」を定義することからはじめます。町の本屋とは、「なんとなく普通にあって『最寄りの本屋さん』という理由」で利用されていて、「身の丈に合った、身の回りに生きてきた小さな文化」であると位置づけます。その上で、いまの書店から失われているのは「普通」ではないかと問うのです。

商品の高速回転と拡大消費が義務づけられている資本主義社会の中では、当然、商売には効率性、経済性、合理化、差別化が求められます。いかに事業を大きくし、利潤を追求して、競合他社を圧倒するか。大きなお金が動く市場で求められるものは、ゆるぎない数字です。

でもそこで、奈良さんは、「『大きい』ということが本当にいいことなのだろうか?」と立ち止まって考えます。限りなく拡大し、大型化していく先に、本当に良い未来が待っているのだろうか、と熟考するのです。そして、こういう時代だからこそ、私たちは町の中に帰って〈普通〉ということを、いま一度、考えなおしてみる必要があるのではないか、と問いかけます。

〈普通〉というのは、何でしょうか。

それは〈往来〉にある、ということだと思います。〈往来〉は、何とはなく、人が日常的に往き来をします。その日常的な身の回りの生活の自然な営みの繰り返しのなかに、本屋という営みが重なり合って、その存在を認められていく。町の本屋というものは、もともと小さなものであったし、小さいからといって営みや可能性が同じように小さかった、というものでもなかったように思います。

（『街の本屋はねむらない』十八ページ）

この講演に参加していた安藤哲也さん（当時・田村書店、現・NPO法人ブックストアソリューション・ジャパン代表など）は、本屋は〈往来〉にあるもの、という奈良さんの言葉に刺激を受けて「往来堂書店」を作ったと『本屋はサイコー！』（新潮OH！文庫）に記しています。

奈良さんが使う言葉は独特です。出版業界の用語もほとんど使いません。それは本書の中に繰り返し登場する、「ミニコミ」、「本屋の青空」、「焚き火」、「アーカイック」、「アジール」、「オブセッション」、「本のビオトープ」を見ても明らかです。そもそも定有堂書店の屋号の「定有」が哲学用語であり、奈良さんが学生時代から愛読していたハイデガーの言葉「ダーザイン（実存）」に由来しているように、ときに「奈良語」ともいわれる独自の言葉には奈良さんの思想と人生そのものが溶け込んでいます。

ただし、ここで注意しておきたいのは、単純に競争原理の渦中にある「書店」が悪で、人の生理や息づかいの聞こえる「身の丈」の「本屋」が善とは言っていないことです。

そもそも奈良さん自身が「定有堂」を「書店」と名付けているように、「定有堂書店」も当初は、「書店」として規模の拡大を目指して出発しました。

でも、経済成長はやがて止まります。書店の存在進化の果てともいえるメガ書店ですら集客には仕掛けを必要とします。出版業界では空中戦と揶揄《やゆ》されることもあるネット書店でもナンバーワンでなければ生き残れません。拡大拡張もやがて終わりを迎えます。だから、奈良さんが考えたのは成長ではなく、成熟でした。

「書店」がビジネスへの道ならば、生業《なりわい》としての「本屋」にはどんな未来があるのか？　本屋から書店へと時代の趨勢が進む中でその方向とは別のオルタナティブな、もう一つ別の道を探せないかということを奈良さんは「定有堂書店」という場所を通して模索し続けたのです。

町の往来の中で、生業として書店を続けていく過程で奈良さんは「本屋」を再発見します。どうしようもなく本が好きで、地方で暮らす。本棚を介して交わし続けた読者の「ちいさな声」と対話し続けることで、本屋に人が集まるようになり、交流を広く、深く、長く続けていった結果、どこにもない景色が生まれた。その地道で愚直な積み重ねが、定有堂書店を「聖地」に変えたのです。

定有堂書店の四十三年

定有堂書店の四十三年を、本屋の「個性」で振り返るなら、そこには四つの変化がありました。定有堂書店は、同じ本屋とは思えないほどに、その中身が十年ごとに変化し続けました。

熱心な商いは、主人のキャラクターが前面に出る。つまり個性的な商いであるが故に、他に抜きん出て成功する。が、次第に飽きられ、十年たてば賞味期限。

（「本屋と個性」）

奈良さん自身が、本屋の個性は更新されなければ飽きられると危惧したように、実際に定有堂書店の歴史をたどっていくと、そこには四つの個性が存在していました。それを奈良さんの言葉を使って、私なりに整理するなら、「素人《しろうと》」、「人文書でおともだち」、「一点突破全面展開」、そして「縮小」です。

取次とつくった「素人」の書店

奈良さんが書店の経営者として少し変わっているのは、取次への尊敬と友情を隠さないことです。

出版業界では、本をつくる出版社、本を届ける取次、本を販売する書店を業界三者と呼び、出版物の大半はこの三者を経由して読者に届けられます。取次は、出版社と書店をつなぐ販売会社であり、出版界のプラットフォームの役割を担っています。ただし、本の流通の大動脈を担ってきた取次の仕組みにも課題はあります。

『よくわかる出版流通のしくみ　2023-24年版』（メディアパル）によれば、本屋の店頭には年間七万点近い新刊が届けられます。およそ一日平均、約二百点の新刊が書店の店頭に届きます。市場に出回っている既刊とあわせると約八十二万点が流通しており、この膨大な商品を管理しようとすれば、多様な読者のニーズをある程度パッケージ化しなければ仕組みを運用できません。

その際、最も優先される項目は、売れる（売れた）ことです。書店という粗利の少ないビジネスを成り立たせるためには商品の回転率は無視することができません。だから、ベストセラーや売れ筋商品を品揃えし、売れ行きの止まった商品を本棚から外すことができなくなれば、書店の経営は成り立たなくなります。

ただし、約三千三百社の出版社と約一万二千店舗の書店をつなぐ出版取次は十八社しかありません。一九九六年に出版販売額のピークを迎えて以降、ほぼ毎年売上が減少し続け、流通量も減る現在では、その極端な砂時計型の構造を維持することも困難になりつつあります。その上、出版流通の仕組みそのものも制度疲労を起こしており、特に大型店や売上上位店に偏《かたよ》った配本システム「ランク配本」が理不尽との声が、町の本屋から上がり、物議を醸《かも》したこともありました。

そうした状況にあっても、奈良さんの取次に対する信頼はゆるぎないものでした。なぜなら、定有堂書店は取次とともに作った書店だったからです。奈良さんが開業を準備するときに、取次会社・日本出版販売（日販）の人が親身になってくれたと繰り返し何度も語っています。

書店を開業するために「見習い」をしていた先の店長から、「君は素人参入だから、これを読んでごらん」と三年分の『日販通信』という業界誌を借ります。本を読む人生から、本を売る人生への転換、定有堂書店の最初の個性は、ここから始まります。

寄稿している本屋さんの話で印象に残るのは、日販さんと共に店づくりをしたという感謝の話が多かった。

私の本屋としての最初の個性は、この『日販通信』の中の本屋の、先輩たちによって造られた。はじめ三十坪で開業し、数年後に増床し五十坪になった。書棚も商品構成も、地元書店の方々へのあいさつも、みんな日販さんがやってくれた。岡山支店の人たちも親身で、地域に合った基盤づくりをしてくれた。一番大きいのは、図書館さんとの付き合いを全面支援してくれたことで、これはいまも持続可能な基礎体力の根幹となっている。（「本屋と個性」）

地縁もなく知り合いもいない土地で、定有堂書店を導き、パートナーとして事業を助けてくれたのは、間違いなく取次の担当者たちでした。その感謝の思いは、どれだけキャリアを重ねても変わることはありませんでした。

「人文書」で「おともだち」

定有堂書店が、取次とつくった書店から、人文書で全国的に知られる店へと踏み出した最初のきっかけは、来店した読者からの声でした。

私は、本屋を開けるだけで十分満足感にひたっていたので、品揃えもごく普通に取次に頼り切っていた。日販の人とはとても呼吸が合ったのだ。新聞を読んだお客さんに、「本好きっていうわりには、本がないね」と言われて、はじめて「エッ！」と思った。「どんな本があるといいんでしょうね」と尋ねるところから、それからの定有堂書店が始まったのだ。

本当の本好きの人たちがたくさん訪ねてきてくれた。取り寄せの注文によって、深い本の世界を教えてもらった。読者の書斎のエッセンスが、店頭に蓄積されていくようで面白かった。それは人文書といっていいような本が主流だった。

（「なぜ人文書なのか」）

私は、この読者との対話に、定有堂書店の本質が詰まっていると思います。それが「人文書」と「おともだち」です。

奈良さんが最初に、読者の要望に応えて仕入れた人文書とは、朝日出版社から当時刊行されていた「エピステーメー叢書」です。これがよく売れたことで、奈良さんはこうした本の周辺を掘り下げていきます。工作舎や晶文社といったテイストの似た出版社の本を次々に仕入れ、展開し、棚そのものが変化しはじめます。

同時に、定有堂書店の品揃えを支えたのが、人文書の読書会「読む会」でした。「読む会」の講師は、高校教師で歴史家の故・濱崎洋三さんです。鳥取県史の編纂主任や鳥取県立公文書館長、鳥取県立図書館長を歴任した教養の人で、「読む会」を市井《しせい》の読書会と位置付け、一九九六年に亡くなるまで八年間ずっと、月に一回開催し続けました。歴史は資料との出会いであり、その生かし方には思想を必要とするというのが濱崎さんの哲学でした。近代国家の形成の中で見失われた「地域」への視点を軸に、「大きな声でものをいう人間を信じるな」というインディペンデント・マインドの大切さを説き続けました。その集大成ともいえる遺著『伝えたいこと』は、出版社ではなく、本の小売りである定有堂書店が刊行して、発売から三カ月でたちまち三刷四千二百部と好評を博し、地域をこえて多くの読者に支持されました。

「読む会」は、濱崎さんが亡くなった後もそのバトンは引き継がれ、『橋田邦彦・現象学・アーレントの再解釈』の著者岩田直樹さんが選書人を務め、現在にいたるまで二十七年間、開催され続けています。

奈良さんは、本屋の一角に黒板を一つ置くことで、その空間を教室に変えたのです。

一点突破全面展開

奈良さんの本の並べ方は、それまでの書店の並べ方とは一線を画していました。一般的な書店であれば、雑誌やコミック、児童書、実用書、文芸書、文庫、新書、学参書、専門書などのジャンルに分類し、その中で新刊、既刊の書籍を回転させていきます。しかしながら、定有堂書店はそうした「分かりやすい」棚ではない独自の方向に進化を遂げていきます。

選書の基準は、新しさではなく、遅れて売ること。新刊雑誌や新刊文庫よりも雑誌のバックナンバーや既刊文庫の方がよく回転することから、一般的な市場の流行を追いかけるのではなく、来店する読者にあわせて本棚を耕していきました。

定有堂書店の代名詞ともいえるのが、本棚に貼ってある読者へのメッセージです。それはたとえば、「ちいさな道しるべと自己肯定」とか、「異邦へのエキゾチズム」、「それでも本がある」、「扉を開く」、「猫が好きな人は本が好き」などです。こうしたメッセージを起点に、一冊の本からはじまるつらなりが積み重って文脈が生まれました。

本屋の棚は、澱《よど》みのない流れの「本の泉」だと思う。伸縮がきいて、時の移り変わりに足並みをそろえてメリハリを利かせる、新鮮な流れでなければならない。

（「本の泉」）

本棚はストックではなくフローで、かつ限られた小さな空間だからこそ、定有堂書店の本棚は、その時代に現れた「一冊の本の衝撃」とともに大きく変化しました。

洋書輸入販売の大手タトルとタイアップして、アンディ・ウォーホルの「マリリン・モンロー」のコラージュやギーガーの画集、「ピーターラビット」のカセット付き絵本や『ウォーリーをさがせ!』の原書などを大展開したり、ジミー・ネルソンの『彼らがいなくなる前に』が導きの糸となって、写真集が店全体で展開されるようになったり、カフェが時代の中心にきたと感じれば、「カフェ・ブック」というコーナーをつくりました。

本があたかも社会や時代を映し出す鏡であるかのように、大いに売り場をつくりかえていったのです。なかでも奈良さんらしいのが、「猫の本」フェアです。

前に「猫の本」フェアをやった時、すぐ売れ始めたよな、ということを思い出したのだ。「なんで猫の本なの?」と聞かれ、思いつきで、「あ、だって、本が好きな人って猫が好きじゃないですか」と答えると、皆簡単に納得していた。

（「本屋ですから」）

奈良さんは、町の本屋であるという制限を逆転させて、この地域、この場所で本を並べることの意味をとことん追求しました。ここだという大切な一点を見つけたら、そこに全力を尽くす。それが奈良さんの「一点突破全面展開」でした。

縮小する本屋

定有堂書店に訪れた最後の個性の変化は、「縮小」です。

二〇一〇年を過ぎた頃、つまり開業から三十年たった頃から、「縮小する本屋」と口にし出した。具体的な計画があったわけではないが、「縮小」ということばに明るい未来を感じた。

（『本屋という仕事』七十五ページ）

始まったら終わる。定有堂書店をどうやって終わらせるかを、奈良さんは師匠と慕った『口笛を吹きながら本を売る　柴田信、最終授業』の閉店後の顛末から、慎重に考えはじめました。

普通、縮小という言葉にはマイナスのイメージがつきまといますが、赤瀬川原平の『千利休無言の前衛』や李御寧の日本文化論『「縮み」志向の日本人』を補助線にして、奈良さんは縮小のイメージを大胆に反転させます。それが奈良さんの仕事の集大成であるミニコミ誌『音信不通』です。

そもそも定有堂書店の「定有」とは、奈良さんが開業前に継続的に発行していたミニコミ誌に由来しています。定有堂書店は、開業時からずっと、本を店頭に並べること、読書会をすること、ミニコミ誌をつくることの三つを続けてきました。

定有堂書店のミニコミ誌の歴史は開業時の『リーフレット定有』にさかのぼります。続く『ブックレット定有』、町の思想誌と銘打った季刊『定有』（第二期）へと発展し、その後、一九八九年十一月に、定有堂書店の存在を全国に知らしめたミニコミ誌『定有堂ジャーナル』を創刊します。フロントページに、今はなき取次の鈴木書店で手書きの出版情報誌『日刊まるすニュース』を発行してベストセラーの神様と慕われた井狩春男さんの「定有堂で朝食を」を迎えて、一九九九年二月の第百十二号で休刊するまで、十年にわたって全国の本好きとの交流を続けました。

二〇〇〇年からは『定有堂ジャーナル』の発展形としてホームページを開設します。idea（思想誌）、journal（読者交流）、school（定有堂教室）の三つのコンテンツを柱に開始し、形態は変化しながらも現在に至るまで続けられています。

転機がおとずれたのは、公立鳥取環境大学「文章作成講座」の非常勤講師の仕事に一区切りがついた二〇一六年でした。編集長に小林みちる（ドラメリア）さんを迎え、ミニコミ誌『音信不通　本のビオトープ』を立ち上げてネットから紙へと回帰します。

奈良さんはここで、「小さい」と「本屋」を同義で使い、これからの本屋にとって大切なのは、「縮小のイメージ」をきちんと描くことだと説きました。「本のビオトープ『音信不通』は『縮小』のイメージを方向として示すタイトルだ」（「本のビオトープ」）と語り、住所も電話番号も表示しない小冊子を発行します。その結晶が、奈良さんが定有堂書店を閉めるにあたって書いた文章です。

新年にこんな「うた」を教わった。

《淡雪（あはゆき）の中に顕（た）ちたる三千大千世界（みちおほち）またその中に沫雪（あわゆき）ぞ降る》（中略）

本屋を始めるとき、あるイメージがあった。広大な砂漠に一夜にして都市が生まれ、その後また一夜にして砂塵にかえる。これが自分の沫雪だった。

（「沫雪に寄せて」、『音信不通』第七十九号）

本が好きで、人が好きで、最後は「身の丈」へとかえっていく。奈良さんの仕事の集大成である『音信不通』は別途一冊にまとめて刊行予定のため、本書には収録しませんでしたが、本屋から個人、そして言葉へとダイナミックに縮小する、本好きの物語でもあったのです。

レールをのばす

定有堂書店が閉店した時に、本屋Ｔｉｔｌｅの辻山良雄さんが「ラジオ深夜便」で「人口が少ない地方の町でも、書店がその町の中で、文化の拠点になりうることを証明した店」だと話していたのが忘れられません。本当にその通りだと思いました。

本を読み、本について語り合う場をつくり、並べた本について語ることで、文化が生まれる。

奈良さんは、本と本屋の可能性を、誰も見たことのないような形で引き出し、私たち読者の前に示してくれました。

でもその大きな仕事は、決して奈良さん一人の力で成し遂げたわけではないのだと、折にふれて語ってもいます。

同じ市内だが久しく顔合わせすることのなかった本屋仲間が先日訪ねてきた。隣にコンビニができたこともあり「この機会に廃業する」というあいさつだった。取引先を譲ってあげるというありがたいお申し出もあった。

編集長のドラメリアさんに「人は必ず宝を一つ持っていて、いつかそれを誰かにあげるものだよ」と常々語っているのだが、「本当だ」としみじみ思った。人はその宝をもらって明日につなげる。

（「減速する本屋暮らし」、『音信不通』第二十四号）

奈良さんの前には岩波ブックセンターの柴田信さんや今井書店の永井伸和さんがいました。多くの出版社や書店員に面白い本の情報を届け続けた鈴木書店の井狩春男さんがいました。

私たちは生きていく中で誰かと出会い、その誰かに何かをもらい、いずれはそれをまた他の誰かに渡して、バトンタッチする。だからきっと私たち自身も、その意味ではみんな中継ぎで、奈良さんも多くの読者に向かって、宝を手渡してきました。

「文脈棚」の名付け親でもある安藤哲也さんが立ち上げた往来堂書店や、福岡にあるブックスキューブリックの大井実さんはその筆頭です。大井さんはその自伝的な著書『ローカルブックストアである　福岡ブックスキューブリック』の中で、定有堂書店についてこう書いています。

> ２０１６年に東京の荻窪にできた話題の新刊書店、本屋Ｔｉｔｌｅの辻山良雄さんが開店に先立ってのブログで、光栄にも、参考になった本屋として当店の名前を挙げてくれたことがある。自分にとってのそんな存在が、定有堂書店の奈良さんだった。
> 本屋をやりたいと言って相談した業界のほとんどの人からは、やめておけと言われたが、奈良さんだけは「がんばろうよ」と言ってくれた。（中略）
> その後、プロジェクトが進み、取次との契約交渉のなかで心が折れそうになった時、どうしても行きたくなったのが定有堂書店だった。ただその場所に立って空気感を確かめたかっただけなのだが、開業直前なので細かい質問がたくさんあるだろうと予想していた奈良さんは、あまりにも質問をしないので、何のために来たのか訝ったようだ。その後、奈良さんから届いた手紙には、「右か左か迷った時は、まっすぐ行くのもいい」と書かれていた。心に響いたありがたい一文だった。
> （『ローカルブックストアである』二十五ページ）

私が定有堂書店を知り、通ったのは最後の数年に過ぎませんが、私自身も奈良さんから多くの言葉と励ましをいただきました。

もしあなたが本が好きで、本屋が好きなら、この本はきっとあなたの生涯を支えてくれる一冊になるはずです。

なぜなら、定有堂書店は、ある一人の本好きが、本好きな人たちが集まる場所を作りたいと願って作ったユートピアだからです。

そしてもし、人生を生きていく中で道に迷うことがあったら、奈良さんの言葉に耳を傾けてみてください。きっとその悩みや課題が切実であればあるほど、奈良さんの言葉が温かく胸に響いてくるはずです。

読んでも読んでも読み尽くせない奈良さんの言葉が、長く、深く、伝わることを願って。

奈良敏行・定有堂書店略年譜

一九四八年／〇歳　長崎県長崎市に生まれる。

一九六七年／十八歳　早稲田大学第一文学部Ⅱ類に入学。

一九七〇年／二十二歳　十一月十五日、『大学公論』第六号（大学公論発行委員会）に「偽足の歩行ラスコーリニコフについて」を寄稿。

一九七一年／二十三歳　十月二日、季刊『赤い沓』（赤い沓社）に「出発への狂躁　ランボオ『地獄の季節』一面」を寄稿。

一九七二年／二十四歳　早稲田大学第一文学部を卒業。

一九七三年／二十五歳　松竹本社演劇部興業課に入社。五月二十日、音信不通社という屋号で個人誌『音信不通』（第一期）を創刊。装幀・筆耕は狸穴千枝氏。誌名はいずれ鳥取に旅立ち東京の友人たちと音信不通になるとの思いから命名。第十二号（一九七九年三月）まで継続して刊行。高田馬場の自主講座グループ「寺小屋教室」に参加。

一九七六年／二十八歳　二月、『ピエロタ』創刊号（ピエロタ社）に「テスト氏あるいは端初について」を寄稿。五月、『寺小屋雑誌』第三号（寺小屋教室）に「腐食する思考」を寄稿。九月、『ピエロタ』第三号に「思考と事象」を寄稿。

一九七七年／二十九歳　三月、『ピエロタ』第四・五号に「二重性への毀損」を寄稿。四月一日、『寺小屋雑誌』第五号に「経験と原則との問題『正法眼蔵随聞記』」を寄稿。九月、『ピエロタ』第六号に「ヴァレリー論　Ｉ」を寄稿。郵政職を受験して合格。文京区本郷郵便局に配属。

一九七八年／三十歳　一月、『ピエロタ』第七号に「ヴァレリー論　Ⅱ」を寄稿。四月一日、『寺小屋雑誌』第六号に「小林秀雄の宣長論」を寄稿。十月、『ピエロタ』第八号に「ヴァレリー論　Ⅲ」を寄稿。十一月、寺小屋教室の友人らと人文・思想の同人誌『定有』（第一期）を創刊。山本真吾氏、鈴木茂雄氏、木前利秋氏、柳父章氏、小阪修平氏、澤井啓一氏、姜尚中氏らが参加。第五号（一九八〇年）まで継続して刊行。

一九八〇年／三十二歳　四月二十六日、『寺小屋雑誌』第十号に「ルソー研究講座」を寄稿。七月、妻の地元鳥取県鳥取市に移住。タウン誌『スペース』編集部をたずね、知己を得る。十月十日、鳥取市の若桜街道に、定有堂書店を三十坪、在庫約三万冊で開業。午前十時から午後九時まで営業。店名は、同人誌『定有』から命名。ガリ版刷のコミュニケーション誌『リーフレット定有』（第一期）を発行。一九八一年まで刊行。一階の事務所脇（五坪）で市民講座「寺子屋教室」を主宰。フランス語講座（週一回）を皮切りに、「心理学」の本の読書会を月二回開催。朝日新聞の「こんにちは」欄にて、「本好きが高じて本屋を開く」と紹介される。

一九八二年／三十四歳　一月五日、ゆみる出版から徳永進著『死の中の笑み』が刊行される。作品に感銘を受け、販促に取り組む。千冊以上を販売。五月九日、コミュニケーション誌『ブックレット定有』（第一期）を発行。編集は千石ゼノア氏。定価二百円で販売。一九八三年まで継続して刊行。定有堂書店の売場を五十坪に増床。営業時間を午後十一時まで延長。

一九八三年／三十五歳　二月、プリントゴッコ版『リーフレット定有』（第二期）を刊行。同時に読者十数人らのリーフレットも刊行し、店内壁面スペースにて展示。三月、定有堂書店ギャラリーで、「詩のつどい・水曜日」を開催。第一回のテーマはタゴール。紹介者は徳永進氏。参加費三百円。司会進行は、鳥取市内の文芸誌『断層』同人、小川恒子氏ら。七月、県庁職員の内田克彦氏の提案で『思想の科学』読書会を開始。毎月第二火曜日に徳永進氏の自宅で実施。

一九八四年／三十六歳　四月六日、料亭「鳥吉」にてＮＨＫディレクター石原真氏のプロデュースで、第一回「定有堂まつり」を開催。椎名健氏の「心理学劇場」をはじめ、一人芝居や席書という書道の実演、詩の朗読を実施。百六十名が参加。

一九八五年／三十七歳　ＮＨＫ鳥取放送局のディレクター箕輪貴氏らと「シネクラブ・テイユウ」を開始。鳥取県立図書館と取引を開始し、書籍を納品。

一九八七年／三十九歳　「定有堂教室」の仲間たちと思想誌、季刊『定有』（第二期）を創刊。定価三百円で販売。一九八九年まで継続して刊行。「岩波新書を読む会」を開催。毎月第三水曜日の午後七時から実施。講師は濱崎洋三氏（鳥取県立鳥取西高等学校教諭）、進行役は片山正見氏（日本赤十字社鳥取赤十字病院内科医）。取り上げたのは、主に七〇年代以降の哲学や心理学の本。ゼミナール形式で開催。無料。四月十日、第二回「定有堂まつり」を開催。哲学者・小阪修平氏の講演会「思想の現在と小阪修平の仕事」を実施。

一九八八年／四十歳　三月、定有堂教室にて、人文書の読書会「読む会」を開始。現在に至る。九月二十五日、第三回「定有堂まつり」を開催。チェロの演奏やビデオアート、徳永進氏の講演会「コミューンのこと」などを実施。

一九八九年／四十一歳　十月、書籍取次店の鈴木書店、井狩春男氏が発行する手書き形式の出版情報誌『日刊まるすニュース』と出会い、ミニコミ誌『定有堂ジャーナル』を創刊。編集長は浜辺眞砂代氏。月刊、無料で配布。発行部数は五百五十部。定期購読の申し込みで、全国に百四十部を発送。

一九九〇年／四十二歳　十月二日、人文書の普及を目的とする出版社の団体「人文会」と「読む会」の共催で、鳥取県立図書館にてシンポジウム「現代を考えるために人文書は何を提供できるか」を開催。

一九九一年／四十三歳　八月、洋書輸入販売「タトル」と共催で、洋書フェアを実施。写真集、画集を中心に数百冊を展開。

一九九三年／四十五歳　五月、書家・網師本日海氏の講演、「定有堂ホール・パロールの宴」を実施。

一九九四年／四十六歳　四月、「タッシェン」のビジュアルブック五十点を直輸入した洋書フェアを実施。四月、岩田直樹氏が濱崎洋三氏の招きで「読む会」に参加。八月二十七日、定有堂書店「読む会」主催で、竹田青嗣氏を招き、鳥取県立図書館にて講演会「21世紀のニヒリズム」を開催。十月一日、定有堂書店が事務局となり、井狩春男氏を招き、鳥取県立図書館開館四周年記念講演「ベストセラーのウラ話でもしましょうか」を開催。十月二日、読者とともに「井狩春男リサイタル」を、マスダレコード三階ホールにて開催。

一九九五年／四十七歳　一月一日、『Ａｇｇｒｅ』（リクルート）にて、「町の本屋という物語」をテーマに連載を開始。

一九九六年／四十八歳　四月一日、柳父章氏、岩田直樹氏、永田靖氏、光浪春雄氏、美村茉莉彦氏らと思想誌『定有』（第三期）を創刊。定価百円で販売。第六号（一九九九年七月）まで継続して刊行。八月十八日、徳永進氏らが企画し、鳥取県立鳥取西高校一年八組教室にて、濱崎洋三氏の最後の授業「伝えたいこと」を実施。九月六日から八日、鳥取県で開催された「本の学校　第二回大山緑陰シンポジウム」の分科会「書店は地場産業」にて、「町の本屋という物語」をテーマに講演。九月十三日、「読む会」講師の濱崎洋三氏が逝去。十月十三日、定有堂書店が事務局となり、木村敏氏を招き、鳥取県立図書館開館六周年記念講演「心とは何だろうか」を開催。

一九九七年／四十九歳　四月二十三日、雑誌『毎日グラフ　アミューズ』第八号（毎日新聞社）の表紙と大特集「書店に学ぶ本棚整理術」にて、東西の代表的な書店十一店の中に定有堂書店が掲載。特集「読者の『宇宙』を棚にする個性派書店に学ぶ」で、判型にこだわらないジャンルやテーマ別の人文書棚が紹介。六月十三日、恭文堂書店、田中淳一郎氏との共著『街の本屋はねむらない』（アルメディア）を刊行。七月二十四日、『新文化』の「レジから檄」にて、連載を開始。

一九九八年／五十歳　二月十三日、定有堂書店が発行元となり、『伝えたいこと　濱崎洋三著作集』を刊行。発売三カ月で三刷四千二百部の快挙。十月四日、定有堂書店が事務局となり、今村仁司氏を招き、鳥取県立図書館開館八周年記念講演「近代とは何だろうか」を開催。

一九九九年／五十一歳　二月、ミニコミ誌『定有堂ジャーナル』を百十二号で休刊。四月十三日、編書房のホームページ「今月の連載読みもの」に、「本屋の〈青空〉『定有堂』書店だより」連載開始。

二〇〇〇年／五十二歳　一月十六日、京都府書店商業組合主催「21世紀に向けて　書店の勉強会」にて、「町の本屋を考える」の講演。『定有堂ジャーナル』の発展形としてホームページを開設。

二〇〇三年／五十五歳　六月十九日、『戦争倫理学』（ちくま新書）の著者、加藤尚武氏（当時、公立鳥取環境大学初代学長）を講師に招き、定有堂書店にて公開読書会を開催。

二〇〇六年／五十八歳　十二月十日、鳥取県立図書館にてシンポジウム「濱崎洋三の『知』を巡って　その時代とこの10年　没後10年に語り合う」開催。

二〇〇七年／五十九歳　鳥取県立図書館が主催する第一回図書館職員実務研修会で「出版流通のしくみ」をテーマに講演。

二〇〇八年／六十歳　六月十七日から二十六日、『中国新聞』の文化欄コラム「緑地帯」に、「本屋の青空」を八回連載。六月二十四日、『北朝鮮へのエクソダス』の著者、テッサ・モーリス＝スズキ氏を講師に招き、講演会「北朝鮮『帰国？』事業から考える」を開催（在日本大韓民国民団鳥取県本部との共催）。

二〇一一年／六十三歳　六月一日、雑誌『BRUTUS』第七百九号（マガジンハウス）の特集「スタイルのある全国の本屋200店」の「なぜ、鳥取駅前の商店街にあるこの本屋を、全国から書店員が詣でるのか？」で、定有堂書店が「聖地」として取り上げられる。八月二十二日、本の学校連続講座「本屋の未来を創造する」（岩波セミナールーム）にて、「『身の丈』の本屋」をテーマに講演。
二〇一二年／六十四歳　公立鳥取環境大学の依頼で、「文章作成講座」の非常勤講師を務める。授業用のテキスト「覚書」を制作。参考資料五百冊を読み、六回改訂。二〇一七年まで五年間教壇に立つ。『定有堂叢書』（私家版）を創刊。第一巻は『身の丈の本屋』。以降は、岩田直樹氏の論文を中心に現在まで十三巻を刊行中。
二〇一六年／六十八歳　七月、ミニコミ誌『音信不通　本のビオトープ』（第二期）を創刊。編集長は小林みちる（ドラメリア）氏。月刊（無料）で、定有堂書店の閉店後も継続して刊行中。
二〇一七年／六十九歳　八月九日、雑誌『ＰＯＰＥＹＥ』第八百四十五号（マガジンハウス）の特集「君の街から、本屋が消えたら大変だ！」に掲載。
二〇一九年／七十一歳　十一月二十七日、第十三回「知のカフェ」（主催・知のカフェの会、共催・鳥取大学地域学部）「『本屋』の仕事」を講演。
二〇二〇年／七十二歳　二月二十六日、同志社大学の日本史入試問題に、『伝えたいこと』が採用されたと知らせが届く。
二〇二二年／七十四歳　六月二十日、三砂慶明編『本屋という仕事』（世界思想社）に、「本屋から遠く離れて　定有堂教室『読む会』のこと」を寄稿。十月、「ドゥルーズを読む会」を開始。
二〇二三年／七十五歳　四月十六日・五月二十一日、ＮＨＫラジオ第１「ラジオ深夜便」にて「本屋Ｔｉｔｌｅ」店主・辻山良雄氏が定有堂書店の閉店を取り上げる。四月十八日、定有堂書店を閉店。開店以来の常連らに見守られて静かにシャッターを下ろす。五月、小説を楽しむための読書会「読書室ビオトープ」を開始。六月二十五日、鳥取県立図書館にて講演・鼎談「定有堂書店『読む会』の展開　街の読書運動の可能性」を開催。六月一日から二十九日の間、同図書館一階、二階展示コーナーにて関連展示を開催。十一月、辻山良雄氏の連載「日本の『地の塩』をめぐる旅」（『熱風』スタジオジブリ出版部）の第十回にインタビューの前編、第十一回（十二月）に後編が掲載。

「バーチャル書店」: 編集房ウェブサイト、2000年6月
「町の書店に未来はあるか」:「街の書店に未来はあるか」より改題、編集房ウェブサイト、2000年7月

第四章　本屋の青空

「書と戯れる」:『中国新聞』2008年6月17日付
「就職しないで生きるには」:『中国新聞』2008年6月18日付
「脱個性」:『中国新聞』2008年6月19日付
「徳俵」:『中国新聞』2008年6月20日付
「一周遅れのトップ」:『中国新聞』2008年6月21日付
「書の底力」:『中国新聞』2008年6月24日付
「町に生きる」:「街に生きる」より改題、『中国新聞』2008年6月25日付
「再生力」:『中国新聞』2008年6月26日付
「本屋と個性」:『日販通信』(日本出版販売、2011年7月)
「本のビオトープ」:『人文会ニュース』第127号(人文会、2017年8月)
「好きだからやる」: 未発表原稿

第五章　定有堂書店の生成変化

「本屋の未来を創造する」:「『身の丈』の本屋」より改題、「連続講座 本屋の未来を創造する」発表原稿(「本の学校」運営委員会、2011年8月22日)
「定有堂書店の生成変化」:「定有堂書店『読む会』の展開」発表原稿(鳥取県立図書館、2023年6月25日)

「あとがき」: 書き下ろし

月）
「本屋は『舞台』なのだ」:『新文化』1997年7月24日号
「本の紹介は楽しい」:『新文化』1997年8月21日号
「本屋のカスタマイズ」:『新文化』1997年9月18日号
「『本屋アジール』論」:『新文化』1997年10月9日号
「本の泉」:「本を並べる」より改題、『新文化』1997年11月13日号
「『書店』と『本屋』」:『新文化』1997年12月18日号
「ウェブ、そして町の本屋」:『出版ニュース』2001年2月中旬号（出版ニュース社）
「町の本屋から生まれた本――『伝えたいこと』出版のこと」:『地方小出版 情報誌アクセス』第257号（地方・小出版流通センター、1998年6月）

第三章 「身の丈」の本屋
「人に教わり、本に教わる」:編集房ウェブサイト、1999年5月
「座敷わらしの荒ぶる魂」:編集房ウェブサイト、1999年6月
「本屋の学校」:編集房ウェブサイト、1999年7月
「本屋を歩く」:編集房ウェブサイト、1999年8月
「なぜ人文書なのか」:「人文書でおともだち」より改題、編集房ウェブサイト、1999年9月
「本屋ですから」:編集房ウェブサイト、1999年10月
「希望」:「〈青空〉」より改題、編集房ウェブサイト、1999年11月
「本屋の源泉」:編集房ウェブサイト、1999年12月
「スタンダードとカスタマイズ」:編集房ウェブサイト、2000年1月
「京都書店研修会へいく」:編集房ウェブサイト、2000年2月
「永六輔さんトーク&サインの会顛末記」:編集房ウェブサイト、2000年3月
「朋有り遠方より来る」:「朋あり遠方より来る」より改題、編集房ウェブサイト、2000年4月
「ノアの箱舟」:編集房ウェブサイト、2000年5月

初出一覧

「はじめに」:『BookstoreAID特典本』(ブックストア・エイド運営事務局、2020年6月)に加筆修正

第一章　町の本屋という物語

「楽しい本屋は可能か」:「書店の青空」より改題、『ミネルヴァ通信』(ミネルヴァ書房、1992年4月)

「"夢を託す" ということ」:『Aggre』1995 VOL. 1(リクルート)

「どうして素人が書店を始めることになったかと言うと……」:『Aggre』1995 VOL. 2(リクルート)

「日常の可能性」:「本屋の〈青空〉とは?」より改題、『Aggre』1995 VOL. 3(リクルート)

「本のことは井狩春男さんに教わった」:『Aggre』1995 VOL. 4(リクルート)

「本を並べる」:『Aggre』1996 VOL. 1(リクルート)

「本屋の愉しみ」:『Aggre』1996 最終号(リクルート)

「ブック・カバーへの思い入れの話」:『書皮報』第18号(書皮友好協会、1991年6月)

「定有堂から」:『紙魚』第1号(紙魚の村、1983年2月)

「人文書で、もうおともだち」:『人文会ニュース』第60号(人文会、1991年2月)

「町の本屋の物語」:『機』第55号(藤原書店、1995年12月)

第二章　「書店」と「本屋」

「『本屋』論」:『流対協 新刊選』第46号(出版流通対策協議会、1997年11月)

「ザ・ブックマン」:『今日の本 明日の本』第285号(平凡社、1997年5

（著者写真・小林みちる）

【著者・編者略歴】

奈良敏行（なら・としゆき）

1948年生まれ。1972年早稲田大学第一文学部卒。1980年鳥取にて、定有堂書店を開業。共著書に、『街の本屋はねむらない』（アルメディア）、三砂慶明編『本屋という仕事』（世界思想社）など。

三砂慶明（みさご・よしあき）

1982年生まれ。「読書室」主宰。株式会社工作社などを経て、梅田蔦屋書店の立ち上げから参加。著書に『千年の読書』（誠文堂新光社）、編著書に『本屋という仕事』がある。

町の本屋という物語

定有堂書店の43年

2024年3月10日初版第1刷印刷
2024年3月15日初版第1刷発行

著　者　奈良敏行

編　者　三砂慶明

発行者　青木誠也

発行所　株式会社作品社
〒102-0072 東京都千代田区飯田橋2-7-4
TEL.03-3262-9753　FAX.03-3262-9757
https://www.sakuhinsha.com
振替口座00160-3-27183

装　幀　タキ加奈子（soda design）
装　画　奈良千枝
本文組版　前田奈々
編集担当　青木誠也
編集協力　岩田直樹、小林みちる、三砂あい（読書室）
写真協力　定有堂書店、石橋毅史、萱原健一、堀内菜摘
印刷・製本　中央精版印刷株式会社

ISBN978-4-86793-013-7 C0095

【作品社の本】

装幀余話

菊地信義

生きていることのすべてが装幀の素材になっていた。
一万五千点余の本を手がけた稀代の装幀者が語り下ろした、本と装幀への思い。

ISBN978-4-86182-960-4

パピルスのなかの永遠　書物の歴史の物語

イレネ・バジェホ著　見田悠子訳

世界100万部の大ベストセラー
スペインでもっとも著名な作家のひとりである著者が贈る、書物の歴史のはじまりを綴った、壮大な一冊。
「今日の読者が来世にあるときもなお、この本は読み継がれゆくだろうという、絶対的な確信がある」――マリオ・バルガス゠リョサ

ISBN978-4-86182-927-7

アルジェリア、シャラ通りの小さな書店

カウテル・アディミ著　平田紀之訳

1936年、アルジェ。21歳の若さで書店《真の富》を開業し、自らの名を冠した出版社を起こしてアルベール・カミュを世に送り出した男、エドモン・シャルロ。第二次大戦とアルジェリア独立戦争のうねりに翻弄された、実在の出版人の実り豊かな人生と苦難の経営を叙情豊かに描き出す、傑作長編小説。
ゴンクール賞、ルノドー賞候補、〈高校生（リセエンヌ）のルノドー賞〉受賞！

ISBN978-4-86182-784-6

ヴェネツィアの出版人

ハビエル・アスペイティア著　八重樫克彦・八重樫由貴子訳

“最初の出版人”の全貌を描く、ビブリオフィリア必読の長篇小説！
グーテンベルクによる活版印刷発明後のルネサンス期、イタリック体を創出し、持ち運び可能な小型の書籍を開発し、初めて書籍にノンブルを付与した改革者。さらに自ら選定したギリシャ文学の古典を刊行して印刷文化を牽引した出版人、アルド・マヌツィオの生涯。

ISBN978-4-86182-700-6